Aschenputtels Portemonnaie

Roswita Königswieser, Ulrike Froschauer,
Barbara Klipstein, Ursula Schaub, Monika Veith

Aschenputtels Portemonnaie

Frauen und Geld

Campus Verlag
Frankfurt/New York

CIP-Titelaufnahme der Deutschen Bibliothek

Aschenputtels Portemonnaie : Frauen und Geld / Roswita
Königswieser . . . – Frankfurt/Main ; New York : Campus Verlag 1990
ISBN 3-593-34285-5
NE: Königswieser, Roswita [Mitverf.]

Copyright © 1990 Campus Verlag GmbH, Frankfurt/Main
Umschlaggestaltung: Atelier Warminski, Büdingen
Satz: Norbert Czermak, Geisenhausen
Druck und Bindung: Druckhaus Beltz, Hemsbach
Printed in Germany

Inhalt

Vordere Reihe (von links nach rechts): Nora Stuhlpfarrer, Ursula Schaub, Barbara Klipstein, Monika Veith. Hintere Reihe: Ulrike Froschauer, Roswita Königswieser

Roswita Königswieser
Geboren 1944, geschieden, drei Kinder, wohnt in Wien. Ausbildung: Sozialwissenschaftlerin; Psychoanalyse; Gruppendynamik. Geschäftsführerin der »Beratergruppe Neuwaldegg«. Arbeitsschwerpunkte: Systemische Organisationsberatung, Managementausbildung, Forschung. Mehrere Publikationen; Projektleitung.

Ulrike Froschauer
Geboren 1957, lebt mit Partner in Wien. Ausbildung: Studium der Soziologie, Pädagogik. Universitätsassistentin am Institut für Soziologie der Universität Wien. Arbeitsschwerpunkte: Analysen von Gruppen und Organisationen; Frauenforschung; Medizinsoziologie und qualitative Sozialforschung. Mehrere Publikationen.

Barbara Klipstein
Geboren 1943, lebt mit Partner und Sohn in München. Ausbildung: Pädagogik, Gruppendynamik, Familientherapie. 7 Jahre Praxis als Managerin; jetzt geschäftsführende Gesellschafterin der Spektrum-Gesellschaft für Organisationsberatung und Personalentwicklung mbH, München. Arbeitsschwerpunkte: Organisationsberatung, Personalentwicklung, Managementtraining (für Männer und Frauen).

Ursula Schaub
Geboren 1956, geschieden, ein Kind, wohnt mit Partner bei Zürich. Ausbildung: Betriebs- und Organisationspsychologin. Tätigkeit im Bereich Unternehmensentwicklung bei »Swissair«. Arbeitsschwerpunkte: Managementausbildung, Organisationsentwicklung, strategische Unternehmensplanung.

Monika Veith
Geboren 1959, wohnt in Wien. Ausbildung: Studium der Handelswissenschaften. Praxis im Marketingmanagement eines Großkonzerns. Arbeitsschwerpunkte: Frauen im Management; Frauen und Männer in Organisationen, Gesellschaft und Wissenschaft; Organisationsberaterin bei der ÖSB (Österreichische Studien- und Beratungsgesellschaft). Mehrere Publikationen; im Campus Verlag erschien 1988 »Frauenkarriere im Management«.

Einleitung

Unsere Absichten

Als sich unsere Gruppe im Dezember 1986 zum ersten Mal traf, war das Ziel klar: Wir wollten zum Thema »Frauen und Geld« arbeiten und dieses Projekt nach Möglichkeit öffentlich fördern lassen. Wir nahmen deshalb Verbindungen zu öffentlichen Geldgebern und zu verschiedenen Banken auf, um von dort für unser Vorhaben finanzielle Unterstützung zu erhalten.

Die Reaktionen waren unterschiedlich. So machten sich die öffentlichen Institutionen nicht die Mühe, ihr Desinteresse an diesem Thema zu verbergen, was durch Äußerungen wie »Wozu das Ganze? Frauen geben Geld ohnehin nur aus« deutlich wurde. Diese Einschätzung signalisierte ganz klar, daß Frauen in Geldangelegenheiten von dieser Seite als unwichtig angesehen werden.

Die Reaktionen der Banken waren eher zwiespältig, da diesen der Konflikt, der durch die sich verändernde Stellung von Frauen in der Gesellschaft ausgelöst wird, stärker bewußt war. So leitete der Projektantrag interne Diskussionen ein, die sehr schnell zu Fragen nach der Identität und der Strategie der jeweiligen Bank führten. Zwei Standpunkte sorgten für Unruhe:

- Wir sind eine Bank für die Wirtschaft und somit eine Bank für Männer. Wenn wir gezielt Frauen ansprechen, schadet dies unserem Image.
- Wenn wir nicht beginnen, Frauen als Kundinnen ernst zu nehmen und auch intern unsere Kommunikations- und Kooperationsprozesse zu verändern, sind wir in Zukunft nicht konkurrenzfähig.

Vor diesem Hintergrund wurde uns offeriert, unsere Studie als Marktforschung zu honorieren — unter der Bedingung, daß diese dann nicht veröffentlicht werde und das Monopol über die Ergebnisse bei der Bank verbleibe. Dies waren für uns unannehmbare Bedingungen, da es für uns wichtig war, unsere Ergebnisse Frauen so direkt wie möglich zur Verfügung zu stellen — ihr Verschwinden in der Schublade einer Bank kam deshalb für uns nicht in Frage.

Durch das Scheitern unserer Anträge wurde uns schnell bewußt, daß wir paradoxerweise zum Thema »Frauen und Geld« ohne Bezahlung würden arbeiten müssen, wenn wir dieses Thema nicht aufgeben wollten.

Wir gaben nicht auf, denn das Thema faszinierte uns alle, und unsere Neugier, mit dieser Untersuchung auch etwas über unsere eigene Einstellung zu Geld zu erfahren, war ein sehr praxisnaher Motor. Der Widerspruch, der sich daraus ableitet, daß einerseits knapp drei Viertel des für den privaten Verbrauch verwendeten Bruttosozialprodukts durch die Hände von Frauen gehen, andererseits Frauen beim Umgang und in ihrem Verhalten mit Geld wenig beachtet werden und sich auch wenig Gehör verschaffen, reizte uns und führte zu den erkenntnisleitenden Fragen:

- Sind für Frauen Anerkennung, Beziehung, Sicherheit und Selbstverwirklichung zentral — während Geld eher Mittel zum Zweck, aber kein Selbstzweck ist?
- Ist für Frauen Lebensqualität wichtiger als Geld?
- Ist der Umgang mit Geld Ausdruck für das gesamte Lebenskonzept der Betreffenden?
- Sind persönliche Beziehungen und Akzeptanz den Frauen wichtiger als Geld, Prestige und Macht? Gehen sie darum weniger Risiken ein und können schlechter Forderungen stellen?
- Haben Frauen aus ihrer Geschichte und Sozialisation heraus einen spezifischen Leistungsbegriff?
- Gehen Frauen mit Geld ähnlich um wie mit Macht (indirekt, über den Mann)?
- Ist Geld für Frauen etwas Abstraktes, Unpersönliches? Denken und handeln Frauen ganzheitlich und kontextbezogen und haben sie deshalb eine spezifische Art, mit Geld umzugehen?

Frei von Zwängen durch Auftraggeber, waren wir uns sehr schnell einig, daß wir unser Buch nicht in einem »wissenschaftlichen« Stil, sondern in verständlicher Sprache für eine breite Leserinnenschicht schreiben wollten.

Wir wollten das Verhalten von Frauen — ihre Einstellung zu und ihr Umgehen mit Geld — darstellen, wir wollten es aber nicht mit dem der Männer vergleichen oder es gar konkurrierend bewerten.

Da wir häufig das Begriffspaar »männlich« und »weiblich« gebrauchen, wollen wir es in der von uns verwendeten Weise definieren: Für uns ist »männlich« nicht mit »Mann« allgemein gleichzusetzen und »weiblich« nicht mit »Frau«. Meist werden mit »männlich« und »weiblich« Normen und Wertungen verbunden; so werden in klassischer Weise mit »männlich« Zuschreibungen wie Rationalität, Logik, Nüchternheit, Konkurrenzverhalten, Durchsetzungsvermögen verbunden, mit »weiblich« hingegen Emotionalität, Eingehen auf physische und psychische Bedürfnisse, Intuition, Geduld, Bereitschaft zu Einfügung und Anpassung.

Wir gehen nicht von dieser Stereotypisierung aus, sondern sind der Ansicht, daß gerade durch diese Festschreibung eine Annäherung verhindert wird. Da immer mehr Frauen in die Berufswelt vordringen, werden die Konturen des männlichen und weiblichen Lebenszusammenhangs unschärfer. Damit ist auch verbunden, daß sich die Einstellungen von Männern und Frauen einander nähern, daß sich ihre Interessen, Lebensziele und Wertvorstellungen einander angleichen. Wir gehen in unserer Definition davon aus, daß jeder Mensch weibliche und männliche Anteile in sich trägt und diese — je nach Veranlagung, Erziehung, Vorbild und Reflexion — entwickelt oder zurückgedrängt hat — weshalb vieles, was wir über Frauen sagen, auch für Männer gelten kann.

Am meisten liegt uns daran, Frauen anzuregen, sich mit dem Thema Geld bewußt auseinanderzusetzen. Um diese Auseinandersetzung zu erleichtern, versuchen wir, Erklärungsmuster für das individuelle Verhalten von Frauen zu finden und die jeweiligen Verhaltensweisen in einen Zusammenhang zu stellen. Wir stellen fest, daß durch die gesellschaftlichen Vorurteile viele Frauen im Umgang mit Geld große Schwierigkeiten haben und eine Menge Schuldgefühle entwickeln. Hier Zuschreibungen und Realität auseinanderzuhalten ist ein weiteres Anliegen unseres Buches.

Auf keinen Fall wollen wir die Art und Weise, wie Männer mit Geld umgehen, glorifizieren; das hieße, die Mystifizierung des Geldes weiter voranzutreiben. Das Gegenteil ist unsere Absicht: Da viele Frauen die Tendenz haben, Geld als kalt und schmutzig zu bewerten, verhindern sie selbst, bewußt oder unbewußt, sich mit Geld auseinanderzusetzen. Diese Abwehr ermöglicht es ihnen, sich von Geld fernzuhalten, und verhindert dadurch, einen positiven Zugang zu Geld zu finden. Nur durch Information und Auseinandersetzung können Frauen einen andersgearteten Zugang, eine andere, neue Qualität im Umgehen mit Geld finden und dadurch auch mehr Selbstbewußtsein entwickeln. Durch die Information darüber, welche Probleme andere Frauen mit Geld haben, hoffen wir, den Frauen, aber auch Institutionen Lösungsansätze und Anregungen zur Auseinandersetzung bieten zu können.

Unser Zugang zu den zu vermittelnden Erkenntnissen war sehr unterschiedlich, weshalb das Ergebnis auch nicht so »einheitlich« ist, was bei nur einer Autorinschaft wohl eher der Fall gewesen wäre. Wir glauben aber, daß das Buch an Lebendigkeit durch die persönliche Sicht und die Erfahrung jeder einzelnen Autorin gewinnt.

Wir haben die Themengruppen gemeinsam ausgewählt und in den Grundzügen konzipiert. Die Ausarbeitung erfolgte in Einzelarbeit, wobei die Manuskripte mehrmals diskutiert und verändert wurden, bis schließlich die endgültige Fassung vorlag.

Daß die Auswahl der Kapitel kein Zufall war, sondern daß sich jede Frau das Kapitel aussuchte, das ihrer Lebenssituation und Einstellung zum Thema entsprach, merkten wir in der Abschlußsitzung. So hat sich Ulrike Froschauer vor allem um die Kapitel 1 und 2 gekümmert; Monika Veith war für die Kapitel 3 und 7 zuständig; Barbara Klipstein beschäftigte sich in der Hauptsache mit Kapitel 4, Roswita Königswieser mit Kapitel 5 und Ursula Schaub mit Kapitel 6. Daß sich das Buch dennoch (fast) wie »aus einem Guß« liest, verdanken wir Nora Stuhlpfarrer, die den gesamten Text stilistisch überarbeitete und lesbar machte.

Unsere Gruppe

Zumeist wird in Forschungsprojekten der Arbeitsprozeß gar nicht beziehungsweise so dargestellt, als sei er geradlinig und reibungslos verlaufen. Die Resultate erscheinen als Prokukte eines ungetrübten, rationalen und zielgerichteten Vorgehens. Gerade auf dem sozialwissenschaftlichen Feld laufen die Dinge jedoch nicht so glatt, wie sie dem Publikum präsentiert werden. Die Furcht, das Image des »ernsthaften« Wissenschaftlers oder der »ernsthaften« Wissenschaftlerin zu verlieren, scheint da zu groß zu sein. Unser Anspruch ist es, unsere »selektiven Wahrnehmungsmuster« offen darzulegen. Damit möchten wir auch den Glauben an die in jedem Fall »wissenschaftlich abgesicherte Objektivität« von Forschungsergebnissen erschüttern.

Wir halten es für wichtig, gleichsam als Hintergrund, vor dem unser Buch zu lesen ist, jene Einflußbereiche zu beschreiben, die für die Ergebnisse unserer Arbeit wichtig waren: Die Zusammensetzung unserer Gruppe bestimmte den Arbeitsprozeß wesentlich; ebenso hatten unsere persönlichen Interessen und unsere Beziehung zu Geld große Bedeutung für die Resultate unserer Arbeit.

Obwohl von Anfang an klar war, daß wir das Risiko eingingen, auch ohne Finanzierung zu arbeiten (was sich dann auch als real herausstellte), schmälerte diese Annahme unser Engagement, dieses »nebenberufliche« Projekt qualifiziert durchzuführen, in keiner Weise. Die gemeinsamen Sitzungen fanden vierteljährlich in Wien statt. Sie dienten dazu, einen gemeinsamen Rahmen für unsere Arbeit zu finden und unsere Thesen, Methoden und Resultate immer wieder neu zu koordinieren. Die Kolleginnen aus der Schweiz und Deutschland mußten während der zwei Jahre jeweils lange Anreisen und entsprechende Kosten in Kauf nehmen.

Gemeinsam war uns — neben dem Geschlecht — das Interesse am Thema »Frauen und Geld«, aber auch die starke Motivation, in dieser Gruppierung zu arbeiten. Die Unterschiede in unserer Gruppe sorgten zwar für Lebendigkeit, waren aber auch die Gründe für die auftretenden Konflikte. Wir haben:

- unterschiedliche Berufe;
- verschiedene Grundhaltungen und Ideologien;

- verschiedene Ausbildungshintergründe;
- verschiedene Herkunftsfamilien;
- verschieden hohes Einkommen;
- unterschiedliche Lebenssituationen;
- unterschiedliches Alter;
- unterschiedliche Nationalitäten;
- unterschiedliche Vorerfahrungen mit vergleichbaren Projekten;
- unterschiedliche Nähe zur Projektleiterin;
- unterschiedliche Kontakte und Kontaktmöglichkeiten;
- unterschiedliche Einstellung zu Geld;
- unterschiedliches Anspruchsniveau;
- unterschiedlich intensive Erfahrungen bei Frauenthemen.

Die Unterschiede förderten die intensive Auseinandersetzung, sie wirkten befruchtend und ermöglichten Lernen auf kognitiver und emotionaler Ebene.

Im Lauf der zwei Jahre wurden wir alle reflektierter, durchschauten unsere eigenen Vorurteile mehr, und es entwickelten sich freundschaftliche Beziehungen. Die Nachteile bestanden darin, daß wir viel Zeit und Energie aufwenden mußten, um die rasch zutage tretenden Widersprüche und die zum Teil sehr emotionell ausgetragenen Konflikte zu bewältigen. Die Hauptspannungen entzündeten sich an Fragen der Methode, der Standards, der politischen Einstellung, der Nähe und Konkurrenz zueinander und der Verwertung des gewonnenen Know-how. Es beschäftigten uns viele Fragen:

- Was ist frauenadäquate Forschung?
- Ist unsere subjektive Färbung ein Vor- oder Nachteil, und wie gehen wir damit um?
- Wer hat mehr Macht in der Gruppe – über potente Außenkontakte, über Durchsetzungsvermögen, über Erfahrungen etc.?
- Wer ist beliebter, genießt mehr Akzeptanz in der Gruppe?
- Welche Umsetzung in die Praxis entspricht uns? Kommt eine Zusammenarbeit – zum Beispiel mit Banken – in Frage oder nicht?
- Wie können wir Frauen helfen und trotzdem Geld verdienen?

Trotz gelegentlicher Tränen und Wut kam es zu einem Prozeß der Konsensbildung, schafften wir es, von unseren hohen Ansprüchen auf ein realitätsbezogenes Maß herunterzusteigen, und hatten zumeist Spaß an der Arbeit.

Es kostete viel Kraft, die Prozesse zu durchschauen, sie als für einen guten Arbeitverlauf sinnvoll zu begreifen und Schuldzuschreibungen zu unterlassen. Wir hatten starke Tendenzen zur gegenseitigen beziehungsweise zur Selbstüberforderung — sowohl auf der emotionalen als auch auf der sachlichen Ebene.

Es gelang nur teilweise, die ursprünglich auf Personen fixierten Rollen aufzulösen. Es gab die Rolle des Über-Ichs, eine in der Gruppe betonte den Praxisbezug und die Schichtunterschiede, eine fürchtete, daß die Benachteiligung der Frauen zu wenig betont werde, eine hatte Angst, in das Klischee der Männerfeindlichkeit zu rutschen, und wieder eine achtete darauf, daß der geschichtliche Zusammenhang nicht zu kurz käme.

Die Prinzipien blieben erhalten, die Funktionen wurden situationsbezogen von mehreren Kolleginnen aufgegriffen. Wir alle waren von den sehr persönlichen Interviews emotional tief betroffen und hatten häufig das belastende Gefühl, den vorgebrachten detaillierten und engagierten Bekenntnissen hilflos gegenüberzustehen.

Oft war da ein peinliches Berührtsein, wenn eine Frau im Interview persönlichste Dinge offenbarte, und wir fragten uns, ob wir durch das Zuhören allein schon eine Gegenleistung erbrächten.

Wir faßten unsere sehr persönliche Anteilnahme als Teil wissenschaftlicher Professionalität auf. Es war uns wichtig, diese Regungen als einen Bestandteil unserer Arbeit anzuerkennen, ernst zu nehmen und sie nicht als irrelevante Störungen beiseite zu schieben.

Wir versuchten auch, unsere Wahrnehmungen von Realität nicht unkritisch als Tatsache zu akzeptieren, sondern sie in beide Richtungen (Interviewerin und Interviewte) zu kontrollieren, indem wir unsere eigenen Einstellungen und Interessen analysierten.

Wir kamen so zu einer Relativierung des Wahrheitsbegriffes — wobei im Vordergrund das Verstehen der Befragten und ihrer subjektiven Wahrheit stand — und mußten daher unsere eigenen Gegenübertragungen, unsere emotionalen Reaktionen untereinander austauschen und gemeinsam auf ihren Erkenntniswert untersuchen. Indem wir dies immer wieder versuchten, öffneten wir voreinander einen Teil der persönlichen und privaten Erlebnisse — was nach der tradierten Trennung von Objektivität und Subjektivität in der Arbeit angeblich nichts zu suchen hat.

Obwohl wir, wie wir meinten, alle Einflüsse, die sich auf unsere Ergebnisse auswirken konnten, von Anfang an im Auge behielten und diskutierten, stellte sich bei der Interpretation der Interviews heraus, daß wir über unsere eigenen Tabus nicht geredet hatten. Bestimmte Themen — Sexualität zum Beispiel — hatten wir unbewußt aus unseren Fragen ausgeklammert.

Unser eigenes Umgehen mit Geld wurde bewußter.

Die Offenheit im Umgang miteinander und in der gegenseitigen Darstellung von Schwierigkeiten ist vielleicht der wichtigste Grund für die Entwicklung der Beziehungen innerhalb unserer Gruppe und für das Ergebnis, mit dem wir uns alle so weit identifizieren konnten, daß ein gemeinsames Buch daraus wurde.

Unsere Methoden

Wir fühlen uns der feministischen Wissenschaft verbunden, die den emanzipatorischen und aufklärerischen Anspruch erhebt, Ideologie, Unterdrückung und Verdrängung im Lebenszusammenhang der Frauen in Theorie und Praxis aufzuspüren und aufzuzeigen (vgl. Nadig 1986: 194). »Sie kann ein Beitrag sein, patriarchalische Realität aufzudecken, ... Veränderungen im Bewußtsein und Verhalten bestimmter Frauen zu spiegeln und zu unterstützen.« (Vgl. Thürmer-Rohr 1987: 132)

Wir stimmen mit Ulla Block (1983: 17) überein, »daß es keine objektive Wissenschaft gibt und geben kann, sondern die angestrebte ›Objektivität‹ stets ein Moment des Subjektiven enthält und als solches transparent zu machen ist«. Daher erscheint es uns als sehr wichtig, den Ablauf unserer Arbeit und unsere Arbeitsweise möglichst offenzulegen.

So machten wir uns unsere eigenen (Vor-)Urteile zum Thema bewußt, indem wir uns zu Beginn gegenseitig darüber interviewten. Die Gespräche wurden auf Tonband aufgenommen, wörtlich transkribiert und von einer nicht am Projekt mitarbeitenden Sozialwissenschaftlerin ausgewertet. Wir hofften, dadurch unsere eigenen Werthaltungen besser kennenzulernen und sie bei der weiteren Bearbeitung des Themas mitzureflektieren. Trotzdem sind wir uns darüber im klaren, daß unsere eigenen Einstellungen und Erfahrungen zum Thema die Auswahl unserer Gesprächspartnerinnen, die Formulierung von Fragen, die Interpretation der Gespräche, aber auch die Formulierung der Ergebnisse beeinflußten.

Als weiteres Kriterium nahmen wir in unsere Arbeit die Reflexion darüber auf, daß die Akzentuierung eines Themas, das Erkenntnisinteresse einer Arbeit und die methodische Vorgangsweise beeinflußt sind von den Handlungsbedingungen der Frauen, die sich in der Frauenforschung betätigen.

Das dritte für uns bedeutsame Kriterium ist die »Praxisrelevanz«. Wir waren uns einig, daß die Bearbeitung unserer Fragestellungen (s.S. 10) nur mittels qualitativ orientierter Forschung sinnvoll ist, und entschieden uns daher bei der Datenerhebung für möglichst unstrukturierte, systemisch orientierte Einzelinterviews. Wir hatten keinen fixen Fragenkatalog, sondern nur einen groben Orientierungsraster, der hauptsächlich dann im Gespräch aktiviert wurde, wenn uns wichtig erscheinende Themenbereiche von unseren Gesprächspartnerinnen ausgespart wurden. Vor allem war uns wichtig, daß die Frauen die inhaltlichen Schwerpunkte setzten, wir konzentrierten uns vorwiegend aufs Nachfragen.

Bei der Auswertung und Interpretation der Interviews orientierten wir uns an einem in Wien entwickelten Verfahren zur Auswertung qualitativer Interviews (Lueger u.a., 1984 und 1985). Annahme dabei ist, daß in allen Äußerungen eine »objektive« Bedeutung, unabhängig von der sprechenden Person, zum Tragen kommt, die über deren bewußte Handlungsabsichten hinausgeht. Dieser Bedeutungsgehalt repräsentiert die Struktur der diese Person umgebenden Lebenswelt. Jede sprachliche Sinneinheit enthält die Struktur dieser Lebenswelt, allerdings in einer sehr unscharfen Form, daher ist die Fallstruktur erst aus der Analyse vieler solcher Einheiten ableitbar.

Durch die interdisziplinäre Zusammensetzung unserer Gruppe war es möglich, die Interviews aus (tiefen)psychologischer, soziologischer, ökonomischer und ethnologischer Perspektive zu analysieren und Erklärungsmuster aufzustellen.

Wir einigten uns darauf, daß wir sowohl mit Frauen, die im Wirtschaftsleben Geldentscheidungen treffen, als auch mit Frauen in der Konsumentinnenrolle (berufstätige und nicht im Erwerbsleben stehende Frauen) Gespräche führen würden. Weiter entschieden wir uns, Gespräche mit Personen zu führen, die beruflich mit »Frauen und Geld« zu tun haben (siehe Kap. 7).

Wir sprachen mit fünfundzwanzig Frauen im Alter von fünfundzwanzig bis sechzig Jahren. Sie lebten zum Zeitpunkt der Interviews in Österreich, in der Bundesrepublik Deutschland und der Schweiz — und zwar in städtischen Regionen. Sechs waren unverheiratet, sieben verheiratet, elf geschieden und eine verwitwet; dreizehn hatten Kinder (von einem bis zu vier).

Das Ausbildungsniveau erstreckte sich vom Hauptschulabschluß bis zum Hochschulstudium. Acht der fünfundzwanzig Frauen hatten berufliche Positionen inne, in denen sie Geldentscheidungen zu treffen hatten. Sieben waren vom Ehemann oder Freund abhängig, die restlichen waren berufstätig, ohne beruflich mit Geldentscheidungen zu tun zu haben.

Die Herkunft der Frauen unterschied sich sehr stark — von sozial unteren Schichten bis zur Oberschicht —, wobei Frauen aus der Mittelschicht überrepräsentiert waren.

Erstes Kapitel
Wofür Frauen Geld ausgeben

Es trug sich zu, daß der Vater einmal auf die Messe
ziehen wollte, da fragte er die beiden Stieftöchter,
was er ihnen mitbringen sollte. »Schöne Kleider«,
sagte die eine; »Perlen und Edelsteine«, die zweite. —
»Aber du, Aschenputtel«, sprach er, »was willst du
haben?« — »Vater, das erste Reis, das Euch auf eurem
Heimweg an den Hut stößt, das brecht für mich ab.«

Im Alltag werden wir sehr häufig — besonders von seiten der Männer — mit der Aussage »Frauen können mit Geld nicht umgehen, sie
werfen es nur beim Fenster hinaus« konfrontiert. Viele Frauen glauben das auch selbst des öfteren, und sie haben häufig Schuldgefühle,
wenn sie Geld für sich selbst ausgeben. Oder aber sie klagen sich
selbst an und sind der Meinung, sie müßten eigentlich mehr sparen.

» . . . Ich gehe mit Geld nicht sehr sorgsam um. Ich ärgere mich manchmal
selbst, wie ich mit Geld umgehe. Ich könnte sicher mehr sparen . . .«

Beobachtet man jedoch Frauen in Alltagssituationen oder analysiert man die Ereignisse der dreißiger Jahre — die Arbeitslosigkeit war
damals noch viel schlimmer als zur Zeit —, so kann man feststellen,
daß die meisten Frauen sehr gut einteilen und wirtschaften können.
Sie waren es, die in diesen schrecklichen Jahren der Rezession dafür
sorgten, daß die Familien die nötigsten Dinge zum Überleben hatten.

Einige Frauen sind sich dessen auch bewußt und verweisen stolz
auf diese Fähigkeit. So erzählt eine Angestellte:

» . . . Das ist mütterliches Erbteil; ich habe gesehen, meine Mutter mußte
auch einteilen — sie hat nicht soviel gehabt. Ich muß das irgendwie übernommen haben . . . «

Anja Meulenbelt (1988: 55) weist darauf hin, daß Angehörige einer unterdrückten Gruppierung dazu tendieren, die Vorurteile der Herrschenden zu übernehmen und zu verinnerlichen. Dies kann bei den Betroffenen zu Angst vor Gewalt und Gefühlen eigener Machtlosigkeit, zu Zurückgezogenheit und Minderwertigkeitsgefühlen führen. Daß einige Frauen auch weiterhin das Gefühl von Unsicherheit im Umgang mit Geld haben, kann auch daran liegen, daß sie spüren, ihr Verhalten entspricht nicht einem rational kalkulierenden Geschäftemachen. In der Geschäftswelt haben zweckrationales Handeln und individuell egoistische Interessenverfolgung Vorrang vor solidarischer Verpflichtung.

Um Geld für etwas ausgeben zu können, muß ein Zugang zu Geld gegeben sein. Generell können wir sagen, daß Frauen über weniger Geld verfügen als Männer, auch wenn sie selbst berufstätig sind. Dies läßt sich anhand der Einkommensbenachteiligung von Frauen Männern gegenüber zeigen. Im Bericht des Bundesministeriums für Arbeit und Soziales über die soziale Lage 1987 (1988: 222) wird darauf hingewiesen, daß das mittlere Einkommen von Frauen im Jahre 1987 nur zwei Drittel des mittleren Einkommens von Männern erreichte. Analysiert man beispielsweise die Arbeitsmarktdaten (August 1988 für Österreich), so kann festgestellt werden, daß die Arbeitslosenquote der Frauen höher ist als die der Männer. Dies deckt sich im übrigen mit den meisten anderen westlich orientierten Industrieländern.

Berücksichtigt man die Art der Erfassung von Arbeitslosen, so stellt man fest, daß nicht alle arbeitssuchenden Frauen in der Statistik erscheinen. Arbeitssuchende Hausfrauen, die zwar aktiv nach Arbeit suchen, aber nicht beim Arbeitsamt vorgemerkt sind, gelten nicht als arbeitslos. Es gibt daher bei den Frauen einen hohen Anteil sogenannter »versteckter Arbeitslosigkeit«. Würde man diese Dunkelziffer berücksichtigen, würde sich das Verhältnis zwischen Frauen und Männern – in bezug auf die Arbeitslosigkeit – noch mehr zuungunsten der Frauen verschieben.

Das häufig angeführte Argument, daß arbeitslose Frauen ohnehin versorgt seien, ist aus mehreren Gründen nicht haltbar (vgl. Talos/ Wiederschwinger 1987: 86): Im Jahre 1984 waren rund 45 Prozent der arbeitslosen Frauen ledig. Der Anteil der verheirateten arbeitslosen Frauen sank von 40 Prozent im Jahre 1982 auf 34,8 Prozent im Jahre 1984. Durch die drastische Zunahme der Arbeitslosigkeit von Männern, die verheiratet sind, werden auch immer mehr verheiratete Frauen mit finanziellen Schwierigkeiten konfrontiert. Insgesamt sind also mehr als die Hälfte der arbeitslosen Frauen ledig oder geschieden. Im oben aufgeführten Sozialbericht kann man nachlesen, daß Frauen deutlich niedrigere Versorgungsquoten haben als Männer, wobei junge arbeitslose Frauen die niedrigsten haben.

In Österreich bezogen im Jahre 1987 über 70 Prozent der Notstandshilfebezieher weniger als 5 000 Schilling — wobei zum Beispiel in Wien noch dazu 70 Prozent der Notstandshilfebezieher Frauen waren.

Im folgenden wird die finanziell zum Teil sehr prekäre Situation der Frauen nicht immer wieder angeführt, jedoch müssen die nachstehenden Ausführungen vor diesem Hintergrund gelesen werden.

Ermittelt man den Wert aller Verkäufe von Unternehmungen an Haushalte, so umfaßt dieser private Verbrauch immerhin 55 Prozent des Bruttosozialproduktes. Davon gehen zwischen 60 und 70 Prozent durch Frauenhände (vgl. Schulze 1986: 93f). Dieses Zahlenmaterial könnte die Vermutung aufkommen lassen, daß den Frauen ein beträchtlicher Einfluß in ökonomischen Bereichen zukommt. Ob solche Überlegungen nun der Realität entsprechen, oder ob es sich hier um einen Trugschluß handelt, soll im folgenden näher betrachtet werden.

In Untersuchungen konnte festgestellt werden (Ruhfus 1976: 149), daß den Frauen tatsächlich sehr häufig die Rolle der Käuferin übertragen wird. Dies heißt aber nicht, daß sie auch die Entscheidung getroffen haben, ob ein Produkt beziehungsweise welches gekauft wird.

Es hat sich gezeigt, daß der Kaufentscheidungsprozeß in mehreren Phasen abläuft und man nicht davon ausgehen kann, daß die Person, die den Kauf tätigt, identisch ist mit jener, die die Entscheidung getroffen hat, überhaupt zu kaufen. Ein idealtypischer Ablauf eines Kaufprozesses kann sechs Phasen haben:

- Anregung oder Initiative,
- Legitimation (Entschluß überhaupt zu kaufen),

21

- Suche (Was gibt es alles auf diesem Gebiet?),
- Auswahl/Bewertung (Prüfung und Vergleich der verschiedenen Angebote),
- Konzentration (Reduktion der Möglichkeiten auf eine oder ganz wenige),
- erst dann kommt es zum eigentlichen Kauf beziehungsweise zur Bestellung (vgl. Dahlhoff 1980).

Nicht bei jedem Kaufentscheidungsprozeß werden alle diese Phasen durchlaufen. Bei Kaufentscheidungen in Familienhaushalten kommt es kaum vor, daß alle Phasen von einer Person übernommen werden.

Allerdings bleiben Frauen, auch was das Fällen von Entscheidungen betrifft, sehr häufig auf ihre rollenspezifisch bestimmten Einkaufsdomänen beschränkt. Sie haben vorwiegend beim Kauf von Nahrungsmitteln eine Vorrangstellung. Nicht berufstätige Hausfrauen können jedoch selten den finanziellen Rahmen, der für den Ernährungsbereich innerhalb des Familienbudgets bereitgestellt wird, bestimmen. Eine vom Institut für Demoskopie Allensbach durchgeführte Studie (1987) zeigt, daß auch Damenbekleidung, Kosmetika und Kinderbekleidung eindeutig in den frauendominierten Einkaufsbereich fallen – nicht aber Herrenbekleidung.

Obwohl bei längerfristigen Investitionen der Trend in Richtung gemeinsamer Entscheidungsfindung geht, kann man auch in diesem Zusammenhang nach wie vor Hinweise auf frauen- beziehungsweise männerdominierte Produktgruppen finden: So sind Frauen für den Kauf von Einbauküchen oder Elektroherden, also für Wohnlichkeit und Haushaltsführung, zuständig, Männer dagegen für die Anschaffung von Autos, Kameras und dergleichen oder den Abschluß von Lebensversicherungen etc. – wobei bereits die Kinder diese geschlechtsspezifisch typischen Rollen übernehmen. Weiter konnte festgestellt werden, daß beim Kauf von Unterhaltungstechnik (Ruhfus 1976: 144 f) den Kindern eine weitaus gewichtigere Rolle zukommt als ihrer Mutter und zum Beispiel beim Autokauf der Sohn mehr Mitbestimmungsrecht hat als seine Mutter (siehe Kap. 3).

In diesem Zusammenhang ist auch interessant, daß der relative Einfluß von Frauen bei Kaufentscheidungen innerhalb einer Familie nicht konstant bleibt, sondern sich im Verlauf des Lebenszyklus ändert (vgl. Ruhfus 1976: 116). Der Einfluß der Ehefrauen, der im Durchschnitt ohnehin immer niedriger ist als der ihrer Ehemänner, sinkt noch weiter, wenn sie Kleinkinder zu betreuen haben. Wenn die Kinder zur Schule gehen, erreicht er einen Tiefpunkt, wobei der Einfluß des Ehemannes ansteigt. Wenn die Kinder selbst berufstätig werden, nimmt der Einfluß der Ehefrauen wieder zu, der der Ehemänner hingegen ab, und das Machtverhältnis pendelt sich in einem parallelen Verlauf ein. Männern bleibt aber ihre dominante Position erhalten. Erklären kann man dieses Phänomen mit den unterschiedlichen Möglichkeiten zu externen Kontakten, weil mit der Geburt von Kindern zumeist der Zugang zur Umwelt limitiert wird. Erst mit zunehmendem Alter der Kinder wird die Kontaktaufnahme zur Außenwelt wieder häufiger, und es können so auch wieder mehr externe Anregungen in die Familie eingebracht werden. (Vgl. Froschauer 1988: 77)

Folgende für Frauen wichtige »Investitionsbereiche« haben sich im Laufe unserer Arbeit herauskristallisiert:

- Konsum,
- Geschenke,
- Sparen,
- persönliche und berufliche Entwicklung.

Konsum

Konsum kann einerseits die Entnahme von Produkten aus dem Markt oder aber andererseits den Prozeß der Nutzung der erworbenen Güter beziehungsweise die Inanspruchnahme von Dienstleistungen bedeuten (vgl. Kutsch, Wiswede 1986: 207). In diesem Abschnitt liegt der Schwerpunkt bei der ersten Variante, wenn das abstrakte Medium Geld in konkrete Produkte oder Dienstleistungen umgesetzt wird.

Konsum von Gütern kann dazu dienen, einerseits das physische Überleben, andererseits das soziale zu sichern. Der erste Aspekt wurde vorwiegend von jenen Frauen thematisiert, die wenig Geld zur Verfügung haben. So schildert eine pensionierte Witwe ihre Situation:

»... Wenn ich das Dazuverdiente einmal nicht mehr habe, muß ich mein Leben noch mehr einschränken. Weil — wenn man alles rechnet, Miete, Gas, Licht — sparen tu ich sowieso, und die Kleinigkeiten, die noch sein müssen... . Dann brauche ich was zum Essen und zum Anziehen ... «

Charakteristisch für diese Frauen ist allerdings, daß sie weniger Angst haben, sozial »abzustürzen«, als Frauen, die finanziell einen größeren Spielraum haben. Eine arbeitslose Arbeiterin meint:

»... Irgendeine Arbeit läßt sich immer finden. Ich habe keine Angst, daß ich verhungere ... «

Wenn man die Lebensbiographie dieser Frauen zurückverfolgt, so stellt man fest, daß sie schon in sehr jungen Jahren gelernt haben, mit wenig Geld leben zu müssen.

»... In der Kindheit hatten wir nicht viel Geld. Meine Mutter war Kriegswitwe und hat natürlich dementsprechend wenig Einkommen gehabt ... «

Für Frauen mit sehr geringem Einkommen steht die Bewältigung der anfallenden Kosten für Miete, Nahrung, Bekleidung etc. im Vordergrund. Dieses Schicksal trifft häufig geschiedene Frauen mit Kindern, Frauen mit niedrigem Ausbildungsniveau, die während der Ehe nicht berufstätig waren, da sie die Kinder aufzogen, und die nach der Scheidung den Wiedereinstieg ins Berufsleben versuchten.

Beim Konsum zur Sicherung des sozialen Überlebens handelt es sich um die Bewältigung von Spannungen, die aufgrund von sozialisierten und umweltvermittelten Bedürfnissen entstehen. Der Wunsch nach sozialer Anerkennung und Prestige bestimmt unter anderem die Kaufentscheidungen.

Was kaufen nun Frauen konkret, wenn sie mehr Geld zur Verfügung haben, als zum physischen Überleben notwendig ist (ausgenommen Geschenke)? Es sind dies in groben Zügen:

- Bekleidung und Kosmetika,
- Kultur (Bücher, Konzert- und Theaterbesuche etc),
- Reisen, Urlaub und
- Einrichtungsgegenstände für die Wohnung.

Auffällig dabei ist, daß die Frauen technische Geräte, wie zum Beispiel Videorecorder, Stereoanlagen, Foto- und Filmkameras etc., nicht erwähnten. Wir können aber nicht davon ausgehen, daß sie solche Dinge nicht besitzen und verwenden würden. Zwar werden diese Produktgruppen vorwiegend von Männern dominiert, aber immerhin hat die Allensbacher Werbeträger-Analyse 1987 ergeben, daß der Frauenanteil bei Kaufentscheidungen (allein oder hauptsächlich) bei nicht ganz 30 Prozent liegt. Auch wenn es sich dabei um längerfristige und nicht so häufig getätigte Anschaffungen handelt, die daher nicht so präsent sind wie zum Beispiel Bekleidung oder Bücher, so muß doch mit einbezogen werden, daß etwa für das Fotografieren Filme gekauft und das Entwickeln bezahlt werden müssen, für die Videokamera Kassetten erforderlich sind und Platten für den Plattenspieler angeschafft werden müssen. Und trotzdem waren diese Produkte kein Thema, weder bei verheirateten beziehungsweise in Partnerschaft lebenden Frauen noch bei allein lebenden.

Da taucht schon die Vermutung auf, daß Frauen diese Güter zwar kaufen und auch verwenden, sich aber nicht dafür zuständig fühlen. Damit entsprechen sie auch den traditionellen gesellschaftlichen Rollenzuschreibungen und Erwartungen, daß nämlich Männer und nicht Frauen für technische Geräte zuständig seien.

Frauen geben Geld — und zwar doppelt soviel wie Männer — für Bekleidung aus. Eine junge Akademikerin ohne Kinder antwortete auf die Frage, wofür sie denn Geld ausgebe:

»... für Kleider — obwohl ich mir oft sage, ich brauche sie gar nicht. Ich kaufe nicht nur Modisches, sondern auch Kleider, die ich auch nächstes Jahr noch anziehen kann. Dafür gebe ich das meiste Geld aus ...«

Nicht alle Frauen stellen ihre Kleiderkäufe so offen dar. Daß sich Frauen gerne schöne Kleider kaufen, hängt wohl auch damit zusammen, daß Frauen nicht wegen ihrer fachlichen Qualifikation, sondern wegen ihrer Attraktivität Anerkennung bekommen (siehe

Kap. 5). Männer sind zwar stolz darauf, eine schöne und gutausse-
hende Frau oder Freundin »zu haben« — denn dadurch steigt auch
ihr eigener Wert —, sie sind aber weniger stolz darauf, mit einer besonders intelligenten Frau befreundet oder verheiratet zu sein. Auch
im Bekannten- beziehungsweise Freundeskreis trägt ihnen so eine
Frau wenig Prestige ein — im Gegenteil; sie müssen mit Angriffen
rechnen — wie zum Beispiel: Bei dem zu Hause habe die Ehefrau die
Hosen an.

Frauen lernen in frühester Kindheit, daß sie lieb, nett, sauber und
schön angezogen sein müssen, damit sie geliebt und gelobt werden.
Diese Vorstellung bleibt den Frauen erhalten, und sie haben daher
das Gefühl, nur dann akzeptiert zu werden, wenn sie gut aussehen.

Interessant beim Kauf von schönen Kleidern sind zwei Phänome-
ne, die immer wieder auftauchen: Erstens, daß Frauen dies zwar gerne tun, aber häufig nach dem Kauf Schuldgefühle bekommen und
sich daher bemüßigt fühlen, wem auch immer (Mann, Freund, Mutter oder Freundin) zu erklären, welch günstiger Kauf dies doch gewesen sei. Erstaunlicherweise tauchen diese Schuldgefühle und Ent-
schuldigungen auch bei Frauen auf, die über ein eigenes und nicht
gerade geringes Einkommen verfügen. Zweitens, daß nicht alle Frau-
en ihre Kleidereinkäufe erwähnen, obwohl man als Außenstehende
beobachten kann, daß die Befragten sehr »gut« angezogen waren.
Dies trifft vor allem für Frauen aus intellektuellen und alternativen
Subkulturen zu.

Frauen werden in unserer Gesellschaft mit zwei verschiedenen,
einander widersprechenden Erwartungen konfrontiert: Es wird von
ihnen erwartet — so haben sie es bereits als Kind gelernt —, daß sie
schön seien und gut angezogen. Wollen Frauen diesen Erwartungen
entsprechen, um anerkannt und integriert zu sein, dann müssen sie
Geld dafür ausgeben, denn sowohl Bekleidung als auch Kosmetika
sind nicht gerade billig.

Gleichzeitig aber gilt für Frauen noch eine andere gesellschaftliche Norm: Sie sollen bescheiden sein und gut wirtschaften können.
Nach dieser gängigen Wertvorstellung ist eine Frau um so wertvoller,
je besser sie wirtschaften kann. Wenn sie nun mehr Geld für Bekleidung ausgibt, als unbedingt notwendig wäre, nur um besonders
attraktiv zu sein, dann entspricht sie nicht der Bescheidenheitsnorm.

Ist sie dagegen sehr sparsam und gibt kaum Geld für ihr Äußeres aus, kann sie der Erwartung, Frauen sollten gut aussehen, kaum entsprechen. Ein möglicher »Kompromiß« liegt darin, daß die Frauen zwar schöne Kleider kaufen, aber eben erklären, daß es ein äußerst günstiger Kauf gewesen sei.

Der Wunsch der Frauen, zumindest über ihr Aussehen Zuneigung und Anerkennung zu erlangen, kommt der Industrie (Mode- und Werbebranche) zustatten, und sie diktiert mindestens einmal jährlich — mittels eines enormen Budgetaufwands —, was »gut und schön ist«. Dadurch sorgen genau diese Wirtschaftzweige dafür, daß in den letzten Jahren die Diskrepanz zwischen den unterschiedlichen Erwartungen immer größer wird (siehe Kap. 5).

Ein scheinbarer Gegentrend ist bei Frauen aus der intellektuellen Subkultur zu beobachten. Sie werten Kleidereinkäufe entweder ab, indem sie von »Fetzen«, »Klamotten« und dergleichen sprechen, oder aber sie erwähnen sie überhaupt nicht. Ihr kognitiver Umgang mit dem Thema entspricht allerdings nicht ganz ihrem Handeln, da auch diese Frauen Geld in ihr Aussehen investieren. Eine Erklärung dafür könnte es sein, daß diese Frauen zwar sehr problembewußt sind, was die Vermarktung des weiblichen Körpers betrifft — sie sind nicht damit einverstanden, ausschließlich auf diesen ihren Körper reduziert zu werden, nur wegen ihres Aussehens akzeptiert zu werden —, sich allerdings auch noch nicht ganz von den traditionellen Rollenvorstellungen lösen können.

Vielleicht hängt diese Erscheinung auch mit der in unserer westlichen Kultur sehr stark ausgeprägten Trennung zwischen Geist und Körper zusammen. Der Kauf schöner Kleider und der Gebrauch von Kosmetika bedeuten die Betonung des Körpers und stellen den Versuch dar, die Attraktivität und in letzter — fast nie ausgesprochener — Konsequenz die Sexualität zu steigern. Bücher zu kaufen und kulturelle Angebote wahrzunehmen bedeutet dagegen eine Weiterbildung des Geistes und damit Entmaterialisierung. Investitionen dieser Art sind — speziell in intellektuellen Kreisen — sozial anerkannt. So haben Frauen, die bereit sind, Geld für Theater-und Konzertbesuche, den Kauf von Büchern oder auch für weite Studienreisen auszugeben, durchwegs ein höheres Ausbildungsniveau.

Mehr Ausbildung kann — muß aber nicht unbedingt — mehr Geld zu haben bedeuten. Eine geschiedene Mutter von drei Kindern, die soeben dabei ist, einen neuen Beruf zu lernen — die Ausbildung wird vom Vater finanziert —, und daher eher wenig Geld zur Verfügung hat, berichtet:

»... Ich möchte den Kindern Musikunterricht und Ballett ermöglichen und verschiedene Dinge, die eigentlich nicht mit den primären Lebensbedürfnissen zusammenhängen. Und da muß ich dann oft überlegen, kann ich mir das Konzert noch leisten, kann ich noch ins Theater gehen?«

Unabhängig vom Ausbildungsniveau ist jedoch der bei Frauen stark ausgeprägte Wunsch nach einer gemütlichen Wohnung, die die Lebensqualität erhöht.

»... Ich gab Unmengen Geld für Geschirr aus. Also wenn's nach mir ginge, würde ich mal all die Einrichtung rausschmeißen und mir eine neue kaufen, das würde ich gerne machen ... «

Geschenke

Wir führen Geschenke als eigenen Bereich an, auch wenn diese Kategorie vom dafür aufgewendeten Geldbetrag her an sich keinen so großen Anteil ausmacht wie der oben angeführte Konsum. Aber im subjektiven Erleben der Frauen haben sie einen immens hohen Stellenwert inne — speziell auch dann, wenn Frauen wenig Geld haben und es trotzdem schaffen, Geschenke machen zu können. Eine Mutter von vier Kindern, ohne Mann lebend, mit sehr niedrigem Einkommen meint:

»... Gestern war ich in der Stadt, nächste Woche sind drei Geburtstage; da habe ich gemerkt, daß ich da noch immer sehr großzügig bin ... «

Frauen sind stolz darauf, daß sie trotz geringen Einkommens noch Geschenke für andere ersparen können. Das beinhaltet mehrere Aspekte: Frauen können damit demonstrieren, daß sie sehr sparsam mit Geld umgehen, und gleichzeitig auch zeigen, daß sie trotzdem an andere denken und sie beschenken. Hier kommt die starke Ausprägung der Personenorientierung zum Ausdruck.

Welche Funktionen können Geschenke für die Schenkende erfüllen? Mit Hilfe von Geschenken an andere Personen kann sowohl Nähe als auch Distanz hergestellt beziehungsweise erhalten werden.

Welche konkreten Wünsche und Hoffnungen werden nun bewußt oder unbewußt von Frauen gehegt, wenn sie jemanden beschenken? Frauen tendieren generell dazu — aus dem Wunsch nach Anerkennung und Zuneigung (siehe Kap. 5) —, sich mittels Geschenken soziale Beziehungen aufzubauen beziehungsweise vorhandene aufrechtzuerhalten und zu intensivieren.

Frauen werden in unserer Gesellschaft nicht gerade mit Anerkennung durch die Gemeinschaft überhäuft, das Bedürfnis danach ist jedoch selbstverständlich vorhanden und noch dazu unersättlich (vgl. Gronemeyer 1988: 55 ff). Sie versuchen daher mittels Geschenken, soziale Beziehungen zu pflegen, um daraus soziale Anerkennung und Zuneigung zu schöpfen und um die Angst vor Verlassensein und Liebesverlust zu kompensieren.

Nicht selten stellen Frauen dabei eine asymmetrische Beziehung her, in der die Beschenkten der Geberin verpflichtet sind. Die Frauen erwarten sich in der von ihnen initiierten Tauschbeziehung eine Gegenleistung. Diese erhofften Gegenleistungen beziehen sich häufig auf unbefriedigte soziale Bedürfnisse — wie eben Zuneigung, Geborgenheit etc. —, können aber durchaus auch auf das Bedürfnis nach ökonomischer Sicherheit bezogen sein. Eine alleinstehende, kurz vor der Pensionierung stehende Frau erzählt, daß sie ihren Nichten sehr viel schenkt, und meint dazu:

» . . . Man weiß ja nicht . . . Wenn ich einmal älter werde . . . Das ist ja die Jugend, die ich vielleicht einmal brauche, dann bin ich vielleicht froh um die Kinder . . . «

Geschenke dienen dann als eine Art Versicherung für eventuell in der Zukunft auftretende Schwierigkeiten — Versicherung nicht als, wie heute üblich, anonyme Institution, wo Geld zum Symbol von Leistungsbeziehungen wird, »die nicht mehr durch ein Vertrauen in die Verläßlichkeit und Dauerhaftigkeit fester sozialer Beziehungen abgesichert sind« (Heinemann 1987: 334). Eine Versicherung dieser Art kann sich auf keinen Vertrag berufen, sondern hier geht es um Vertrauen zwischen Personen, um Hilfeleistungen zwischen einander bekannten Personen. Eine Hilfeleistung, die in früheren Zeiten in auf Austausch orientierten, vergemeinschafteten Beziehungen üblich war, jedoch in unserer heutigen Leistungsgesellschaft nicht mehr den Normen entspricht. Frauen bauen sich auf diese Art ein soziales Sicherheitsnetz auf, indem sie sich mit anderen Frauen solidarisieren.

Berufstätige Frauen haben ihren Kindern gegenüber oft Schuldgefühle, weil sie nicht ständig für diese verfügbar sind. Indem Frauen ihren Kindern Geschenke kaufen, versuchen sie, sich selbst von diesen Schuldgefühlen zu befreien oder diese zumindest für ein Weilchen zu beruhigen. Gleichzeitig erwarten sie vom beschenkten Kind, daß es nicht zu viele Ansprüche an sie stellt. Sie versuchen, sich mittels Geschenken von an sie gestellten Forderungen freizukaufen. Geschenke haben in diesem Sinne auch die Funktion, Distanz herzustellen, weil durch sie versucht wird, sich von Verpflichtungen zu befreien.

Zum Schluß soll noch die finanzielle Unterstützung erwachsener Kinder durch Mütter erwähnt werden. So beantwortet eine berufstätige, sehr engagierte Mutter von vier Kindern die Frage, wofür sie denn ihr Geld ausgebe:

»... Mein Geld gebe ich eigentlich für die Kinder aus. Ich schwatze meinen Kindern auf, daß sie sich bald selbständig machen sollten, eine Wohnung beziehen sollten, die ich dann mit Feuereifer herrichten kann. Deshalb habe ich auch immer wieder mein Konto überzogen ...«

Auch Frauen, die wenig Geld zur Verfügung haben, glauben, ihre erwachsenen Kinder mit Geld unterstützen zu müssen. Vielleicht fällt es den Müttern besonders schwer zu akzeptieren, daß die Kinder ab einem bestimmten Alter selbständig werden und sich von zu Hause ablösen. Vielleicht glauben sie, auch ein bißchen Recht darauf zu haben, am Leben der Kinder teilzuhaben, wenn sie diese weiterhin mit Geld versorgen.

Zusammenfassend kann man sagen, daß Frauen mit Geschenken sowohl symmetrische als auch asymmetrische Tauschbeziehungen herstellen, um ihr soziales Netz auszubauen und abzusichern, da dieses im Notfall auch ökonomische Hilfestellungen bietet.

Sparen

Interessanterweise haben Frauen auf die Frage, wofür sie Geld ausgeben, unter anderem auch das Sparen angeführt. Daher führen wir es, dem subjektiven Gefühl der befragten Frauen entsprechend, in diesem Kapitel an.

»... Etwas habe ich gespart, mit einem Sparbuch und Bausparen. Das zähle ich zu den fixen Ausgaben, mit diesem Geld rechne ich gar nicht...«

Sehr viele Frauen geben an, daß sie sparen. Eine empirische Erhebung des österreichischen Forschungsinstitutes für Sparkassenwesen (Stiegnitz H. u. P. 1987) hat ergeben, daß bereits Mädchen mehr vom Sparen halten als Jungen (siehe Kap. 7).

Frauen bevorzugen risikoloses Sparen – wie zum Beispiel Bausparen, ein einfaches Sparbuch und Prämiensparen –, auch wenn sie bei anderen Anlageformen mehr Zinsen für ihr Geld bekämen:

»... Auch wenn wir jetzt viel sparen, ich lege das Geld nicht möglichst günstig an, ich schaue darauf, daß es sicher angelegt ist ...«

Damit sie auch wirklich sparen, überlisten sich einige Frauen selbst, indem sie monatlich einen fixen Betrag auf das Sparbuch überweisen lassen.

Wofür sparen sie denn nun? Einerseits für die Erfüllung konkreter Wünsche, wie zum Beispiel Wohnung und Einrichtung, Auto, Reisen etc.:

»... Jetzt habe ich mir neue Möbel gekauft, also dafür habe ich gespart; und das Auto, das ich mir gekauft habe ...«

Andererseits sparen sie, damit sie auf eventuelle Unglücksfälle vorbereitet sind:

»... Ja ich spare, es ist eine Grundeinstellung, wenn etwas passieren sollte. Ich möchte auch immer ein Reservepolster haben, für Steuern, größere Ausgaben usw. ...«

Auf dieses Sicherheitspolster möchten sie aber möglichst jederzeit zurückgreifen können, und daher sind auch langfristige Geldanlagen für sie nicht sehr sinnvoll. Sparen besänftigt das an sich nie restlos zu befriedigende Bedürfnis nach Sicherheit. Wie allerdings bereits eingangs erwähnt wurde, ist für viele Frauen diese finanzielle Absicherung insofern von realer Bedeutung, als für sie ja potentiell die Gefahr, arbeitslos zu werden, größer ist als für Männer. Es hat sich gezeigt, daß Frauen, die arbeitslos werden, den dadurch entstehenden finanziellen Engpaß aufzufangen versuchen, indem sie ihre persönlichen Ausgaben reduzieren, Anschaffungen allgemein zurückstellen und ihr erspartes Geld für die Unterhaltsfinanzierung verwenden (vgl. Heinemann u.a. 1983:80).

Persönliche und berufliche Entwicklung

Obwohl nicht alle Frauen, mit denen wir gesprochen haben, Geld in ihre persönliche beziehungsweise berufliche Weiterbildung investieren, erscheint es uns doch sehr wichtig, auch diese Möglichkeit des Geldausgebens anzuführen. Vor allem Frauen, die ein sehr starkes Bedürfnis nach Unabhängigkeit und Selbständigkeit haben, geben Geld für ihre Ausbildung aus. Eine junge verheiratete Frau, die davon ausgeht, ihre Familie mit ihrem Einkommen erhalten zu können, meint dazu:

» ... Ich habe ein größes Projekt vor, ich will eine Firma gründen. Von meinen Eltern habe ich eine beträchtliche Mitgift bekommen, davon werde ich einen Teil in die Firma hineinstecken und den anderen Teil in die Wohnung ... «

Eine Unternehmerin, die seit sechzehn Jahren geschieden ist, hat auf die ihr zustehenden Alimente zugunsten eines Hauses, das sie sich von ihrem Mann überschreiben ließ, verzichtet. Auch sie betont immer wieder, daß ihr Unabhängigkeit ein ganz zentrales Anliegen sei und sie während ihrer vierzehn Ehejahre sehr unter der Abhängigkeit von ihrem Mann gelitten habe:

» ... Er hat das Gefühl gehabt, er hat das Geschäft des Lebens gemacht, weil er keine Alimente zahlen mußte. Und ich hatte ein Haus, in dem ich anfangen konnte zu werken ... «

Wenn sie heute Bilanz zieht, kann sie auf zwei Firmen verweisen, die sie aufgebaut hat, und ist finanziell unabhängig.

Aber auch Frauen, die kein Startkapital haben, investieren Geld in ihre Entwicklung. Eine Schwesternhelferin erzählt:

> »... Also Ferien mache ich immer noch im Sinne von Seminaren. Jetzt fahre ich zu einem Kurs für Kreativitätstraining. Vorher besuche ich eine Musikwoche ... «

Wovon hängt es nun ab, für welche Prioritäten sich die einzelne Frau entscheidet?

Von Bedeutung sind dabei zum Beispiel die Erfahrungen, die etwa beim Kauf von bestimmten Produkten bereits gemacht wurden. Waren diese positiv, dann neigen Frauen dazu, diese oder ähnliche Produkte wieder zu kaufen; es bilden sich im Laufe der Zeit bestimmte Gewohnheiten heraus. Zum Teil übernehmen Frauen von ihren Müttern Vorlieben für bestimmte Produkte beziehungsweise Marken. Sie kaufen bestimmte Güter deswegen, weil es der Tradition entspricht, weil sie es so gelernt haben.

Ebenfalls von Bedeutung ist es, ob die Frau verheiratet ist beziehungsweise in Partnerschaft lebt – denn dann rücken in der Regel die Bedürfnisse des Partners in den Vordergrund, und es stellen sich beim eigenen Kosum von Gütern häufiger Schuldgefühle ein als bei Frauen, die allein leben. Das Ganze wird noch verstärkt, sobald Frauen Kinder bekommen. Dann stehen diese im Zentrum der Überlegungen, und die eigenen Wünsche werden zugunsten der Wünsche der Kinder noch einmal um ein Stück hintangereiht.

Weitere Einflußgrößen auf das Konsumverhalten sind die finanziellen Möglichkeiten, bestimmt durch die Höhe des Einkommens und die Preise der auf dem Markt befindlichen Produkte. Da Frauen generell eher dazu tendieren, keine Schulden zu machen (siehe Kap. 2), außer es ist unbedingt notwendig, kann davon ausgegangen werden, daß sie sich vorwiegend in dem ihnen vorgegebenen finanziellen Rahmen bewegen. Das bedeutet zum Beispiel: Ob die einzelne Frau ihre Einrichtungsgegenstände in teuren Wohnstudios kauft oder in billigeren Möbelhäusern erwirbt, hängt von der Menge des zur Verfügung stehenden Geldes ab.

Ob es ihr jedoch wichtiger ist, sich eine schöne Wohnung anzuschaffen, oder ob es ihr mehr bedeutet, besonders schöne Kleider zum Anziehen zu haben, hängt von den Werten, die der Frau jeweils wichtig sind, ab. Diese Norm- und Wertvorstellungen können sich verändern und sogar ins Gegenteil verkehren. So schildert eine Betriebsrätin:

»... Für mich selber brauch' ich gar nicht viel Geld. Früher, durch meine konservativ-bürgerliche Erziehung hab' ich unheimlich viel Geld ausgegeben für Schönheit. Ich war immer gepflegt, lackiert und geschminkt, hatte die letzten Modelle der Mode, zu jedem Kleid einen Hut, Tasche, Schuhe usw. Damals fühlte ich mich äußerlich schön, heute fühle ich mich innerlich schöner ... «

Solche Veränderungen können durch unterschiedliche Ereignisse — wie zum Beispiel Scheidung, Berufswechsel, Krankheit oder Kinderbekommen etc. — ausgelöst werden (siehe Kap. 4).

Normen und Werte, die man akzeptiert und an die man sich hält, werden unter anderem mitbestimmt durch die Erwartungen, die von relevanten Bezugsgruppen — das können Freunde/innen, Familienmitglieder, Vorbilder etc. sein — an eine Person herangetragen werden. Das bedeutet, daß die jeweiligen Werthaltungen innerhalb der Subkultur, der die Frau angehört oder zumindest angehören möchte, dafür ausschlaggebend sind, wofür sie Geld ausgibt. Diese Orientierung an anderen ist für Frauen insofern wichtig, als sie das Bedürfnis haben, in ihr soziales Umfeld integriert zu sein, ihre Umweltbeziehungen ohnehin häufig eingeschränkt sind, sie auch weniger Möglichkeit haben, die Zugehörigkeit zu bestimmten Gruppierungen zu verändern. Daher tendieren sie dazu, vorhandenen Normen zu entsprechen, um dadurch Akzeptanz zu gewinnen und negative soziale Sanktionen zu vermeiden. Das Akzeptieren von bestimmten Werthaltungen und Normvorstellungen heißt einerseits, Nähe zu einer bestimmten Subkultur zu demonstrieren, und bedeutet gleichzeitig, sich von anderen ganz bewußt abzugrenzen.

Zweites Kapitel
Strategien, zu Geld zu kommen

»Soll die dumme Gans bei uns in der Stube sitzen?«
sprachen sie; »wer Brot essen will, muß es verdienen:
hinaus mit der Küchenmagd!« Sie nahmen der Stief-
schwester die schönen Kleider weg, zogen ihr einen
grauen Kittel an und gaben ihr hölzerne Schuhe.

In unserer arbeitsteilig ausdifferenzierten Leistungsgesellschaft bestimmt Geld weitgehend die wirtschaftlichen und sozialen Lebens-
chancen. Personen, die im Besitz von Geld sind, verfügen über die
Freiheit zu wählen, von wem, wann und was sie kaufen wollen, so-
fern das Gewünschte verfügbar und käuflich ist – wobei es sich nicht
nur um Gegenstände und Sachwerte, sondern auch um Arbeitsle-
stungen – und damit um die Verfügbarkeit anderer Personen – handelt. Geldbeziehungen sind meist asymmetrische Beziehungen, weil
die Geldbesitzer häufig auch die Situationen definieren. Der Preis für
die gesteigerten Wahlmöglichkeiten liegt in der Abhängigkeit vom
Geld selbst, das als vergängliches Gut niemals in ausreichendem Maße verfügbar ist. Hortet man es, bietet es nicht die Freiheit der Auswahl, gibt man es aus, muß für ständigen Nachschub gesorgt sein/
werden. Dazu kommt, daß sich die Wünsche nicht unbedingt an die
vorhandenen Geldsummen halten.

Frauen sind in unserer Gesellschaft selten im Besitz von mehr
Geld, als zum Leben nötig ist, und haben daher auch nur einge-
schränkte Wahlmöglichkeiten bei der Verfügung über Sachen und
Personen.

Welche langfristigen Möglichkeiten nehmen nun Frauen für sich
in Anspruch, um zu Geld zu kommen, mit dem sie ihre Bedürfnisse

befriedigen können? Das Problem ist, daß man Geld in den meisten Fällen nicht einfach hat, im Glücksspiel gewinnt, geschenkt bekommt oder von lieben Verwandten erbt, sondern dafür eine Gegenleistung erbringen muß. Voraussetzung dafür ist, solche Leistungen anzubieten, für die Abnehmer/innen gefunden werden können.

Geldfordern ist – wie noch zu zeigen sein wird – ein männliches Verhalten und gefährdet bei Frauen – wenn sie es tun – häufig die Erfüllung von Wünschen und Sehnsüchten nach Zuneigung, Liebe, Anerkennung etc. Sie müssen daher einen Weg finden, der ihnen die Möglichkeit bietet, Geld zu bekommen, ohne gleichzeitig mit den negativen Sanktionen, die Fordern für Frauen mit sich bringt, konfrontiert zu werden.

Die Geldquellen: der Beruf oder die Familie

Es haben sich vor allem zwei Grundmuster herausgestellt, nach denen Frauen zur längerfristigen Geldbeschaffung vorgehen: Beruf und/oder Familie.

Beruf

Entweder die Frauen verkaufen als Arbeitnehmerinnen ihre Arbeitskraft am Arbeitsmarkt, oder sie sind selbständig – sei es, daß sie selbst eine Firma gegründet haben, sei es, daß sie ein Unternehmen von den Eltern oder vom Ehemann übernommen haben oder freiberuflich tätig sind. Speziell im ersten und letzten Fall beziehen sie ein Einkommen von anderen – als Entgelt für die Arbeit, die sie erbringen. Es handelt sich dabei um selbstverdientes Geld, welches ihnen einen bestimmten Platz in ihrer sozialen Umwelt sichert.

Wenn Frauen berufstätig sind, so kann das den Zweck haben, sich und eventuell andere, zum Beispiel Kinder, Eltern, Geschwister, Freunde/innen oder den Ehemann, eigenständig zu erhalten oder ein zusätzliches Einkommen zum Verdienst des Mannes zu haben, damit die laufenden Kosten der Familie gedeckt werden können.

Bei vielen Frauen ist diese Phase zeitlich beschränkt. Die meisten Frauen sind vor der Ehe beziehungsweise bis zur Geburt des ersten Kindes berufstätig, dann bleiben sie zur Kindererziehung zu Hause und steigen nach einigen Jahren eventuell wieder ins Berufsleben ein. Selbstverständlich gibt es auch Frauen, die ohne unmittelbare ökonomische Notwendigkeit, zum Zweck der Selbstverwirklichung einem Beruf nachgehen.

Entscheiden sich Frauen für die Berufsvariante, so werden sie am Arbeitsmarkt mit folgenden Problemen konfrontiert, die Ausdruck einer grundlegenden gesellschaftlichen Ungleichheit sind:

- Der durchschnittliche Lohn der Frauen ist — für gleichwertige Arbeit — um zirka ein Drittel niedriger als der der Männer.
- Frauen haben nach wie vor geringere Aufstiegschancen als Männer.
- Frauen haben Arbeitsplätze inne, die eher von Rationalisierungsmaßnahmen betroffen sind als die der Männer.
- Frauen konzentrieren sich auf Berufe, die soziel niedriger eingestuft werden.
- Wenn in eine Berufsbranche mit hohem Prestige mehr Frauen einsteigen, sinkt das Ansehen dieses Zweiges.
- Von Frauen werden am Arbeitsplatz bestimmte Fähigkeiten — zum Beispiel Sensibilität in bezug auf zwischenmenschliche Beziehungen — gefordert, die aber nicht oder nur zu geringem Teil entlohnt werden.

Diese Auswahl von beruflichen Schwierigkeiten — die Aufzählung könnte noch fortgeführt werden (vgl. Ostner 1982; Beck-Gernsheim 1976) — demonstriert die ungleichen Ausgangspositionen der Frauen gegenüber männlichen Arbeitskollegen bei der Geldbeschaffung im Erwerbsleben.

Familie

Frauen heiraten, bekommen Kinder, geben der Familie zuliebe den Beruf auf, führen den Haushalt und werden finanziell vom Ehemann abhängig. (Es sei noch einmal darauf hingewiesen, daß das nicht heißt, daß alle verheirateten Frauen mit Kindern zu Hause sind. Im Gegenteil: Speziell in sozial unteren Schichten müssen Frauen aus ökonomischer Notwendigkeit arbeiten gehen.) Sie bekommen vom Ehemann Geld für die Versorgung der Familie. Viele Frauen erleben dieses Geld als unverdient – es löst daher bei ihnen Schuld-, aber auch Minderwertigkeitsgefühle aus.

Im Sinne der eingangs erwähnten Tatsache, daß Geld in der Regel nur im Tausch gegen eine Leistung verdient wird, könnte man überspitzt sagen, daß diese Frauen ihre Arbeitskraft und ihren Körper (Sexualität) dem Ehemann verkaufen (vgl. Kap. 6).

Aber die eheliche Sicherheit ist häufig nur eine trügerische: Es besteht völlige Abhängigkeit vom Mann und damit eine Beschränkung der Entscheidungsfreiheit, das Selbstwertgefühl ist oft angeschlagen, die Sozialkontakte sind zumeist vom Mann bestimmt. Dazu kommt, daß die auch bei Männern steigende Langzeitarbeitslosigkeit deren Frauen zum Eintritt ins Erwerbsleben zwingt.

Die überaus hohe Scheidungsrate stellt die Ehe als langfristige Versorgungseinrichtung in Frage – und im Fall einer Scheidung ist der Wiedereintritt in die Arbeitswelt extrem erschwert. Eine Arbeitstätigkeit während der Ehe dürfte daher sowohl vom wirtschaftlichen als auch vom sozialen und psychischen Standpunkt aus in vielen Fällen eine günstigere Variante sein.

Als einen Sonderfall (aufgrund der zeitlichen Begrenzung) bezeichnen wir die Finanzierung der Frauen – meist während der Ausbildungszeit – durch deren Eltern. Auch Eltern erwarten in der Regel eine Gegenleistung – wie zum Beispiel Dankbarkeit, Zuwendung etc. –, zumindest erleben Frauen auch das als Abhängigkeit und ziehen es dann oft vor, nebenbei einen Job anzunehmen, um zumindest teilweise unabhängig von ihnen nahestehenden Menschen zu sein.

»... Das ist es auch, was mich bei meinem Vater stört: Er hört nicht mit den Zahlungen auf, obwohl ich ihn darum gebeten habe, damit ich ihm einfach nicht mehr verpflichtet bin und, wenn ich zu ihm komme, daß ich nicht das Gefühl habe, er hat das Recht darauf, daß ich zu ihm komme...«

Die Schwierigkeiten des Forderns

Bevor näher auf die einzelnen Strategien, die Frauen innerhalb dieser beiden Grundeinrichtungen zur Geldbeschaffung anwenden, eingegangen wird, soll vorerst auf die Probleme, die Frauen generell beim Forderungenstellen haben, und auf deren Ursachen hingewiesen werden. Es hat sich nämlich bei der Analyse herausgestellt, daß Frauen sowohl im Privatbereich als auch im Berufsleben Schwierigkeiten haben, Geld für sich zu fordern.

Privatbereich

Eine junge, unverheiratete Frau, die im Devisengeschäft tätig ist und einigermaßen gut verdient, ist mit einem verheirateten Mann befreundet; sie meint auf die Frage, ob sie sich vorstellen könnte, ökonomisch von einem Mann abhängig zu sein:

»Dieser Gedanke ist mir immer schwergefallen. Unabhängigkeit ist mir wichtig. Das wäre schwer, aber ich müßte dann meine Einstellung ändern. Mit Kind wäre das leichter. Da hätte ich dann Mut, Geld zu fordern. Denn dann ginge es ja nicht um mich, sondern um die Familie . . . «

Mit dieser Einstellung ist sie nicht allein. Im Gegenteil: Sehr viele Frauen teilen diese Meinung und fordern eher für andere als für sich selbst.

Nicht erwerbstätige Ehefrauen glauben, kein Recht auf Geld zu haben, da ihre erbrachten Arbeitleistungen weder von ihnen selbst noch vom Ehemann, noch von der Gesellschaft als Arbeit definiert und anerkannt werden. Nur jene Personen, die das Geld herbeischaffen, haben – dieser Ideologie zufolge – das Recht, darüber zu verfügen beziehungsweise es zu verteilen. Eine Mutter von drei Kindern schildert ihr Erleben so:

» . . . Also verdient hat nur mein Mann, weil ich überhaupt nichts mehr gearbeitet habe. Da er aber überhaupt nichts vom Geld verstand, hat er mir die ganze Verwaltung übergeben. Ich habe in dieser Zeit auch Wertpapiere gekauft und verkauft. Ich bin schon immer auf Nummer sicher gegangen, weil ich das Gefühl gehabt habe, daß es nicht mein Geld war, sondern das Geld meines Mannes. Ich hätte nicht gewagt, ein Risiko einzugehen . . . «

Oft wissen Ehefrauen gar nicht, wie hoch die Einkünfte ihrer Ehemänner sind, und daher wissen sie auch nicht über die finanziellen Handlungsspielräume Bescheid. Eine unserer Gesprächspartnerinnen war mit einem Bauingenieur, der ein sehr hohes Einkommen hatte, verheiratet und ist Mutter von vier Kindern. Sie erzählte uns, daß sie nie wissen durfte, wieviel Geld er verdiente, obwohl sie versucht hatte, es mit List, Liebe und Bösartigkeit in Erfahrung zu bringen. Außerdem bekam sie immer nur für eine Woche Geld, unterlag damit einer permanenten Kontrolle und konnte auch keine größeren Summen ausgeben. Sie begründet ihr Verhalten so:

»... Das ist einfach auch auf meine Erziehung zurückzuführen, daß ich meine Rechte nicht forderte. Ich wußte ja gar nicht, daß ich Rechte habe. Ich habe gelernt, zu gehorchen und nichts zu brauchen ... «

Erst wenn der Leidensdruck ihrer Abhängigkeit zu groß und beinahe schon menschenunwürdig wird, fassen Frauen den Mut zur Veränderung und wagen den Schritt zur Trennung.

Berufswelt

Aber auch im Berufsleben macht es Frauen Probleme, Forderungen zu stellen. Frauen, die selbständig sind, genieren sich zum Beispiel, offene Rechnungen einzufordern, und betonen immer wieder, wie unangenehm ihnen Honorarverhandlungen seien. So erzählt eine freiberufliche Schriftstellerin:

»... Ich schiebe das Honorarnotenschreiben oft monatelang hinaus, das ist mir fürchterlich ... «

Übt jemand gar Kritik an der von ihnen erbrachten Leistung, stecken viele Frauen ihre Geldforderungen schnell zurück.

Aber auch Frauen, die als Arbeitnehmerinnen tätig sind, haben ähnliche Probleme. So schildert eine dreißigjährige Buchhändlerin:

»... Ich werde für 38 Stunden bezahlt... Auch Überstunden bekommen wir nicht bezahlt, obwohl wir auch samstags da sind. Die Kollegin im Büro wird nach Kollektivvertrag bezahlt, obwohl sie ausgelernt und schon acht Jahre hier ist ... «

Zusätzlich tendieren Frauen häufig dazu, ihre Fähigkeiten zu unterschätzen beziehungsweise ihre Kenntnisse abzuwerten. Sie erklären Erfolge mit Glück oder Zufall und nicht mit ihrem Können. Sie sind daher auch der Meinung, daß ihnen keine Gehaltserhöhung zustehe, und fänden derartige Forderungen von sich, aber auch von anderen Frauen, unverschämt. So meint eine junge, beruflich äußerst erfolgreiche Frau:

»... Alles, was ich brauche, habe ich. Wenn ich nicht das entsprechende leiste, was man von mir erwartet, finde ich es unverschämt, auch noch mehr Geld zu verlangen ...«

Frauen haben oft nur geringes Vertrauen in ihre eigenen Leistungen. Die Angst, daß ihre Arbeitsleistung nicht den gestellten Anforderungen — oft sind es auch nur vermutete Erwartungen — entspreche, führt dazu, daß viele Frauen nur wenig bis gar kein Geld für ihre Leistungen verlangen. Gelingt die Arbeit wider Erwarten, dann bekommen sie soziale Anerkennung, da sie für die gute Arbeitsleistung kaum Geld verlangt hatten. Wird die Arbeit jedoch — wie befürchtet — ein Mißerfolg, so kann dieser damit, ohnehin kein Geld dafür verlangt zu haben, entkräftet werden.

Warum haben Frauen Probleme beim Fordern von Geld?

Um dieser Frage näherzukommen, möchte ich einerseits die in unserer Kultur üblichen Zuschreibungen für »Weiblichkeit« und »Männlichkeit« aufzeigen (siehe dazu auch Greenglass 1986), andererseits die Begriffe »Geld« und »Fordern« durchleuchten. (Ob diese Zuschreibungen in der Realität tatsächlich für alle Frauen beziehungsweise Männer zutreffen, soll zunächst einmal dahingestellt bleiben.) Das heißt, es geht vorerst einmal darum, die allgemeinen Erwartungen, die an Frauen beziehungsweise Männer gestellt werden, aufzuzeigen, da sich daraus geschlechtsspezifische Rollenbilder ergeben, die sich auch im Umgang mit Geld niederschlagen. Diese Erwartungen dienen als Orientierung, und vereinfachend kann man sagen: Je mehr Menschen sich an diese Erwartungen halten, desto gültiger und wirksamer werden diese, und desto schwieriger wird es für diejenigen, die diesen Erwartungen nicht entsprechen und davon abweichen. Sie stellen nämlich Normen, die von der Allgemeinheit akzeptiert werden, in Frage und müssen daher mit negativen Sanktionen rechnen. Es gibt bereits zahlreiche Untersuchungen, die sich mit der Existenz und den inhaltlichen Ausprägungen von Geschlechtsstereotypen beschäftigen, deren Ergebnisse durch eine hohe Übereinstimmung gekennzeichnet sind.

Einigkeit besteht darin, daß das Wesen der Frau als Gegenpol zum Mann gesehen wird und mittels folgender Eigenschaften beschrieben wird (vgl. Keller, 1978: 11): sanft, ruhig, warmherzig, charmant, sensitiv, emotional, weich, unterordnend, abhängig, intuitiv, taktvoll, einfühlsam, passiv, sorgsam, sozial etc.

Bei den Zuschreibungen für Weiblichkeit dominiert die passive Dimension, die keine aggressiven Elemente beinhaltet. Es wurden in diesem Zusammenhang auch »faktorenanalytische« Berechnungen angestellt, wobei sich vor allem der Faktor »Wärme und emotionale Ausdruckskraft« herauskristallisiert hat (Broverman u.a. 1972).

Das Wesen der Männer wird beschrieben als: kompetent, unemotional, logisch, dominant, unabhängig, aggressiv, leistungsorientiert, sachlich, stark, objektiv, aktiv, erfolgreich, mutig, ehrgeizig, risiko- und entscheidungsfreudig, selbstbewußt etc.

Beleuchtet man die aufgezählten Eigenschaften näher, so kann man sehen, daß die Dimension der Aktivität in jedem Begriff enthalten ist. Auch hier wurden faktorenanalytische Berechnungen durchgeführt (Broverman u.a. 1972), und der zentrale Faktor, der die Männlichkeit charakterisiert, nennt sich »Kompetenz« (Leistungsfähigkeit bzw. Leistungsstärke).

Es ist fast müßig festzustellen, daß es wohl kaum einen Mann gibt, der all diesen Erwartungen entsprechen kann. Trotzdem dienen sie als Maßstab, an dem Frauen gemessen werden. Verschärfend für die Frauen ist, daß diese den Männern zugeschriebenen Eigenschaften in der Arbeitswelt unseres Gesellschaftssystems gefordert und positiv bewertet werden, solange sie von Männern erfüllt werden. Erfüllen Frauen diese Zuschreibungen, dann widersprechen sie damit den Zuschreibungen der Weiblichkeit und müssen mit negativen Sanktionen rechnen. Gleichzeitig aber werden diese den Männern zugeschriebenen Eigenschaften als Qualifizierung für Führungspositionen verlangt.

Obwohl, wie schon angedeutet, die Zuschreibungen für Weiblichkeit und Männlichkeit keineswegs mit dem tatsächlichen Verhalten von Frauen und Männern im Alltag identisch sind, ergeben sich daraus bestimmte Erwartungen an Frauen und an Männer, wie diese sich zu verhalten hätten.

Auch der Soziologe K. Heinemann geht in seinem Artikel über die »Soziologie des Geldes« (1988: 322) davon aus: »Geld vermittelt Macht und Einfluß, Sicherheit und Unabhängigkeit; Abhängigkeit, Unsicherheit und Bedeutungslosigkeit können die Folgen sein, wenn wir es nicht besitzen. Geld legt nicht nur viele soziale Chancen und Möglichkeiten fest; es wird auch zum zentralen, quantitativen Indikator für Rang und Macht in einer Gesellschaft.«

Geld hat keinen Eigenwert, es bezieht seine Bedeutung als Statusmittel und Prestigesymbol aus den Einsatzmöglichkeiten und der beliebigen Verwendbarkeit auf dem Markt. Geld wird nach Heinemann (1988:334) »zum Symbol von Leistungsbeziehungen, die nicht mehr durch ein Vertrauen in die Verläßlichkeit und Dauerhaftigkeit fester sozialer Beziehungen . . . abgesichert sind.«

Die Verwendung von Geld verlangt sowohl hohe Abstraktionsleistungen als auch die Fähigkeit und Bereitschaft, soziale Beziehungen und die Beziehungen zu Sachen auf dem Markt zu negieren. Betrachtet man die soeben angeführten, sehr kurz zusammengefaßten Überlegungen zu Geld, so ist unschwer erkennbar, daß zwischen Geld und den Zuschreibungen von »Männlichkeit« sehr viele Parallelen und Ähnlichkeiten bestehen. Nicht zufällig spricht man von der Männerwelt des Geldes.

Etwas zu fordern bedeutet: aktiv sein, etwas von jemandem verlangen, Ansprüche stellen, auf etwas pochen. All das kann nur schwer mit der den Frauen zugeschriebenen Passivität in Einklang gebracht werden, sehr wohl aber mit der den Männern zugeordneten Aktivität.

Wenn nun Frauen Geldforderungen stellen, so bedeutet das, daß sie versuchen, etwas zu bekommen, was sehr eng mit Männlichkeit verbunden wird – nämlich Geld –, und das mit männlichen Methoden aktiv fordern. Sie signalisieren, mit der Situation nicht zufrieden zu sein — sie wollen mehr und setzen sich daher dem Vorwurf aus, undankbar zu sein. Dankbarkeit und Bescheidenheit sind jedoch in unserem Kulturkreis wichtige Tugenden der Frau (siehe Kap. 6). Geldforderungen stehen daher im Widerspruch zu dem von Frauen erwarteten Verhalten. Frauen, die sich daran nicht halten, müssen damit rechnen, dafür bestraft zu werden. Sie haben also die Wahl: Entweder sie versuchen, direktes Geldfordern möglichst zu vermeiden, indem sie sich einerseits bescheiden und andererseits subtilere Formen des Forderns entwickeln, oder sie gehen das Risiko einer negativen Sanktionierung ein.

Die bei vielen Frauen sehr stark ausgeprägte »Bescheidenheit« beinhaltet zwei wesentliche Aspekte: Auf der passiven Seite verwandeln die Frauen ihre Not in eine Tugend. Geringer Geldbedarf macht sie insofern unabhängig, als sie nicht auf hohe Einnahmen angewiesen sind — andererseits können sie aber auch keine großen Sprünge machen. Bescheidenheit bewältigt also — über Anpassung an einen vorgegebenen Rahmen — sowohl das Problem, Forderungen stellen zu müssen, als auch das Problem, Geld für sich auszugeben.

Es gibt aber in diesem Zusammenhang auch eine aktive Seite: Wir finden darin die Ablehnung eines Gesellschaftssystems, das auf Spezialisierung, Gelderwerb, Konsum, formale Rationalität, Leistungsorientierung, Individualismus, Konkurrenz etc. ausgerichtet ist. Bescheidenheit kann damit als Ausdruck eines stillen Protestes gesehen werden.

Die Tatsache, daß Frauen sowohl im Berufsleben als auch im Privatbereich Schwierigkeiten beim Geldfordern haben, dürfte mehrere Ursachen haben: Von Bedeutung ist sicherlich das bei einem Großteil der Frauen sehr gering ausgeprägte Selbstvertrauen, aber auch die Befürchtung, sie könnten die Liebe und Zuneigung der anderen verlieren, wenn sie sich nicht erwartungsgemäß verhalten.

Der Wunsch nach sozialer Anerkennung, das Gefühl, geliebt und gebraucht zu werden, ist für viele Frauen von zentraler Bedeutung. Dies führt bisweilen dazu, daß sie ohne Bezahlung oder gegen minimale Aufwandsentschädigungen Arbeiten übernehmen. Dieses Phänomen findet sich nicht nur im Zusammenhang mit karitativen Betätigungen wie Krankenpflegediensten oder inhaltlich ansprechenden Aufgabenstellungen, sondern auch bei Sekretärinnen, die ihrem Chef zuliebe Überstunden, die nicht als solche abgegolten werden, ableisten.

Rainer Döbert (1988: 102) weist in seinem Aufsatz »Männliche Moral – Weibliche Moral« darauf hin, daß bereits die Beziehungen von kleinen Mädchen zu den Erwachsenen durch enge Kontakte gekennzeichnet sind, daß sie den Wünschen der Älteren nachkommen und die Erwachsenen als Hilfsinstrumente bei der Bewältigung von Aufgaben benützen (vgl. speziell letzteres mit den konkreten Strategien Seite 46 ff.).

Diese schon früh nachweisbare Personenorientierung verhindert, daß Frauen das große Geld machen, weil sie ihren Beziehungen Priorität einräumen (siehe auch Greenglass 1988, 28 f.). Zwischenmenschliche Beziehungen sind vielen Frauen wichtiger als eine Karriere mit hohem Einkommen (siehe Kap. 5). So meinte eine junge Befragte:

»... Ja, wenn ich wollte, könnte ich sicher einen Job haben, wo ich um einiges mehr verdiene, aber dafür unter Leuten bin, mit denen ich nichts anfangen kann. Es ist trotz Hektik bei uns ein angenehmes Arbeitsklima, wo ich über meine Sorgen mit jedem reden kann ... «

Voraussetzung für die Umsetzung dieser Einstellung ist es, daß Frauen, die so denken, ein bißchen mehr Geld haben, als sie für den täglichen Bedarf benötigen.

Auch im Privatleben sind Frauen bereit, ihre Wünsche zu reduzieren, um damit die Lebensqualität der Familie zu erhöhen. Eine berufstätige Akademikerin, verheiratet mit einem Mann aus dem mittleren Management – auch sie ist in gewissem Sinne privilegiert, da sie in einem finanziell einigermaßen abgesicherten Milieu lebt – sagt dazu:

»... Für mich liegt nicht im Vordergrund, unheimlich viel Geld zu scheffeln und mit sechzig Jahren viel Schmuck und ein großes Bankkonto zu haben. Ich habe keine großartigen Wünsche. Mit den Möglichkeiten, die wir haben, das Leben gemeinsam zu genießen ... Daher auch keine Wochenendarbeit und abends bis acht Uhr, nur damit viel Geld hereinkommt ... «

In diesem Zusammenhang dürfte auch die Tatsache eine Rolle spielen, daß ein hohes Einkommen den Frauen nicht dieselbe Anerkennung bringt wie Männern. Frauen werden zumindest schief angesehen, wenn ihnen Geld wichtig ist — das ist unweiblich.

Zu den bereits angeführten Aspekten, warum Frauen Probleme beim Geldfordern haben, kommt also noch ein wichtiger Punkt hinzu: Geld zu fordern ist für Frauen insofern unschicklich, als sie damit demonstrieren würden, daß ihnen Geld wichtig sei. Dies stimmt wiederum nicht mit der Einstellung überein, die viele Frauen vertreten:

» . . . Ich arbeite, weil mich die Aufgabenstellung interessiert, aber nicht wegen dem Geld . . . «

Geld ist nicht nur positiv, sondern auch negativ besetzt, was Aussprüche wie »Geld stinkt« zeigen (siehe Kap. 5). Wenn nun eine Frau »mehr als notwendig« an Geld interessiert ist, dann treten in den Reaktionen sowohl der Männer als auch der Frauen eher die negativen Aspekte in den Vordergrund. Sie muß mit folgenden und ähnlichen Beurteilungen rechnen:

• Die macht alles für Geld.
• Die würde sogar ihre Seele verkaufen, nur um Geld zu verdienen.
• Die ist geldgierig.
• Der geht es nur ums Geld und um nichts sonst.

Sie kommt in den Geruch von Korrumpierbarkeit. Steht dagegen die Sache an sich und nicht das Geld im Vordergrund — wird diese Ge- fahr reduziert. Vielleicht hängen diese negativen Bewertungen auch mit Prostitution zusammen. Denn Frauen, die ihren Körper verkaufen, werden häufig von anderen Frauen abgewertet (siehe Kap. 6).

Die konkreten Strategien

Welche konkreten Strategien haben nun berufstätige Frauen und Hausfrauen zur Geldbeschaffung beziehungsweise, um mit dem vorhandenen Geld möglichst lange auszukommen, entwickelt?

Der Appell an andere

Hier kann zwischen direkten und indirekten Vorgangsweisen differenziert werden, wobei die indirekten eindeutig in der Überzahl sind. Unsere Gesprächspartnerinnen haben in diesem Zusammenhang des öfteren von »Diplomatie« gesprochen, ohne spezifisch auf die konkrete Situation einzugehen.

a) Frauen fordern zum Beispiel am Arbeitsplatz etwas für Mitarbeiter/innen – in der oft unbewußten, jedenfalls nie ausgesprochenen, Hoffnung, daß andere auch für sie fordern würden oder werden. (Das müssen dann gar nicht dieselben Personen sein, die von ihnen unterstützt und gefördert wurden.) Sie versuchen durch ihr vorbildhaftes Verhalten, das der anderen zu beeinflussen, und fühlen sich traurig, enttäuscht und alleingelassen, wenn dieser Wunsch – was sehr häufig der Fall ist – nicht in Erfüllung geht.

Ein ähnliches Phänomen kann beim Schenken auftreten. Frauen schenken, in der Erwartung, selbst beschenkt zu werden, und fühlen sich ausgebeutet, wenn die Umkehr nicht stattfindet. (Es sei darauf hingewiesen, daß nicht jedes Schenken auf diese Weise interpretiert werden kann.)

b) Frauen demonstrieren Hilflosigkeit und Ohnmacht und versuchen damit, den »Stärkeren« – häufig den Ehemann, den Freund, den Vorgesetzten etc. – zu Hilfeleistungen zu veranlassen. Sie geben der anderen Person das Gefühl, stark und mächtig zu sein und die Schwachen und Hilflosen großzügig zu unterstützen. Indem Frauen der anderen Person ein Überlegenheitsgefühl verschaffen, steigt für sie die Chance, ihre eigenen Wünsche erfüllt zu bekommen. Häufig wird ihnen der Preis, den sie dafür bezahlen, nämlich auch in anderen Situationen als schwach, hilflos und unmündig beurteilt zu werden, mit all den daraus resultierenden Konsequenzen nicht bewußt.

c) Eine weitere, mit der zuletzt angeführten Variante eng verbundene Möglichkeit besteht darin, besonders lieb, nett und anschmiegsam zu sein. Frauen haben oft bereits in ihrer Kindheit die Erfahrung gemacht, daß sie damit sehr erfolgreich sind. Nicht selten kann man dann den Ausspruch hören: »Die kann ihren Vater so gut um den Finger wickeln — sie erreicht bei ihm alles, was sie will.«

Überspitzt könnte man sagen, Väter kaufen sich die Zuneigung ihrer Töchter. Aber auch (Ehe)Männer lassen sich gerne von der Frau oder Freundin verwöhnen und umschmeicheln. Im Extremfall bedeutet das, daß Frauen nicht nur ihren Charme, sondern auch ihren Körper und ihre Sexualität dem Ehemann oder dem Freund, eventuell aber auch dem Vorgesetzten verkaufen, damit sie ihre Wünsche erfüllt bekommen.

d) Frauen tendieren — speziell im Berufsleben — dazu, die Erwartungen, die an sie gestellt werden, mehr als nur zu erfüllen. Sie arbeiten bisweilen mehr als verlangt und kümmern sich auch um Tätigkeiten, die nicht in ihren Kompetenzbereich fallen — man kann hier von Überkompensation sprechen —, und das alles, ohne dafür explizit mehr Geld zu verlangen. Trotzdem erwarten sie, daß ihre erbrachten Arbeitsleistungen beachtet und honoriert werden. Wird diese indirekte Forderung nach Belohnung nicht erhört, fühlen sie sich enttäuscht, mißverstanden und ausgebeutet.

e) Frauen fordern, auch wenn es ihnen sehr schwer fällt, manchmal auch direkt Geld. Allerdings tun sie das meist nur dann, wenn sie ganz sicher sind, daß ihnen dies aufgrund ihrer erbrachten Arbeitsleistungen mehr als nur gerechtfertigt zusteht.

Sparsamer Umgang mit vorhandenen Geldressourcen

a) Günstig einkaufen, Preisvergleiche anstellen: Speziell Frauen, die nicht berufstätig sind — aber auch berufstätige —, stellen beim Einkaufen von Nahrungsmitteln und anderen Produkten Preisvergleiche an, um möglichst vorteilhaft einzukaufen. So schildert eine Pharmazeutin, die an der Universität beschäftigt ist:

»...Wenn ich mir ein Sommerkleid wünsche, fahre ich nicht zum erstbesten Geschäft und kaufe mir etwas, sondern ich schaue mich zuerst um. Auch beim täglichen Einkauf schaue ich auf die Preise. Ich bevorzuge den Billigladen, obwohl die Metzgerei näher liegt ...«

b) Entlastung des Haushaltsbudgets durch Leistung von produktiver Arbeit: Auch heute ist es in vielen Familien selbstverständlich, daß Frauen finanzielle Notlagen in der Familie durch Kompensation von normalerweise käuflichen Leistungen durch eigene Arbeit (wie z.B. Einkochen von Obst, Nähen und Stricken von Kleidungsstükken etc.) zu überbrücken helfen.

> » . . . Da ging ich zu meiner Mutter und bat sie, mir einen Rock zu machen. So haben wir das immer gemacht. Die Mutter war fürs Nähen zuständig. So sparen wir auch jetzt noch einiges . . . «

Eine Verkäuferin, die mittlerweise geschieden ist, erzählt aus ihrer Vergangenheit:

> » . . . Bei den Schwiegereltern gab es einen Garten, da habe ich sehr viel Gemüse angebaut und Hasen gefüttert. Wir hatten eine große Tiefkühltruhe und alles, was möglich war, habe ich eingefroren. So haben wir uns über die Runden gebracht. Mein Mann verdiente nicht viel, und im Winter war er arbeitslos. Dann hab ich von dem wenigen gelebt . . . «

c) Planendes Einteilen des verfügbaren Geldes: Viele Frauen teilen das Geld, das sie verdienen oder zur Versorgung der Familie bekommen, am Monatsbeginn sehr genau ein, um nicht am Ende des Monats ohne Geld dazustehen.

> » . . . Ich habe ein Monatsbudget gemacht, und zwar Anfang und Mitte des Jahres, mit Abrechnung am Ende des Jahres. Diesen Erfahrungswert habe ich für die Planung des nächsten Jahres herangezogen. Das stimmte fast immer — ich bin sehr gut gefahren damit . . . «

d) Verzichten, sich bescheiden: Diese Tendenz geht bei manchen Frauen so weit, daß sie nicht einmal diesbezügliche Phantasien zulassen. Auf die Frage, was sie denn mit sehr viel Geld tun würden, kamen häufig Reaktionen wie:

> » . . . Ich glaube nicht, daß ich viel verändern würde, der Werdegang wäre genau der gleiche — ich würde weiterhin den gleichen Beruf ausüben wie jetzt . . . «

Wenn sie konkrete Wünsche zulassen, dann werden zuerst andere, wie zum Beispiel Familienmitglieder oder Spendenempfänger bedacht, erst dann ist es für Frauen möglich, an sich selbst zu denken, aber auch das in einem sehr bescheidenen Ausmaß:

»... Viel würde sich nicht ändern. Ich würde teilen mit meinen Eltern und den Eltern meines Mannes. Ein schönes Haus im Grünen und vielleicht ein Auto für mich, eventuell einige Kleider. Ich würde aber nicht privatisieren ... «

Auch Frauen stünde der Weg offen, über Kredite oder Schulden finanzielle Brücken zu bauen. Aber diese Variante ist für Frauen eine ziemlich unwahrscheinliche: Sie bedeutet Abhängigkeit (egal ob von Banken oder Bekannten) und Unsicherheit für die Zukunft (besonders die Rückzahlung könnte aus irgendwelchen Gründen nicht wie geplant funktionieren).

»... Schulden habe ich nie gehabt. Das war ein Punkt, das habe ich mir geschworen, Schulden mache ich nicht, weil ich nicht weiß, ob ich die Schulden zurückzahlen kann oder nicht. Dieses ungute Gefühl wollte ich ganz einfach nicht haben. Das hat mehr oder weniger mein Leben bestimmt ... «

Frauen borgen sich selten Geld von anderen aus und leihen auch selbst nicht gerne Geld her. Lieber verschenken sie Geld, als daß sie dafür eine Freundschaft riskieren:

»... Wegen Geld geht meistens eine Freundschaft auseinander. Drum sage ich, wenn Sie jetzt sagen, gib mir 100 Mark, dann schenke ich sie, bevor ich sie borge ... «

Drittes Kapitel

Geld und Sozialisation

Einem reichen Mann wurde seine Frau krank, und als sie fühlte, daß ihr Ende herankam, rief sie ihr einziges Töchterlein zu sich ans Bett und sprach: »Liebes Kind, bleib fromm und gut, so wird dir der liebe Gott immer beistehen, und ich will vom Himmel auf dich herabblicken und dich beschützen.« Darauf schloß sie die Augen zu und verschied.
Das Mädchen ging jeden Tag hinaus zu dem Grab seiner Mutter und weinte, und blieb fromm und gut.

»Weibliche« und »männliche« Verhaltensweisen in unserer Gesellschaft

Dieses Kapitel beschreibt anhand unserer Interviews, wie »weibliche« und »männliche« Verhaltensmuster im Umgang mit Geld bereits in der Kindheit festgelegt werden. Zentral sind dabei einerseits die Rolle, die Geld im Elternhaus gespielt hat, andererseits die Normen, die den Töchtern von den Eltern vermittelt wurden, und die Unterschiede, die sie zu ihren Brüdern bemerkten.

Danach werden − ausgehend von den Kindheitserfahrungen der Frauen − Erklärungen für geschlechtsspezifisches Verhalten im Umgehen mit Geld aus einem gesamtgesellschaftlichen Zusammenhang abgeleitet. Wir wollen zeigen, wie es dazu kommt, daß in unserer patriarchalischen Gesellschaft Männer über mehr Geld verfügen als Frauen. Entscheidungsgewalt über Geld stattet mit Macht und Privilegien aus. Das führt nicht nur zu einer gesellschaftlichen Aufspaltung in »weibliche« und »männliche« Arbeitsbereiche (Privatsphäre/Berufsphäre − Innenwelt/Außenwelt), sondern auch zu einem hierarchischen Gefälle zwischen den Geschlechtern – von männlicher Dominanz zu weiblicher Unterordnung.

Das Thema »Frauen und Geld« ist mit vielen Klischees behaftet. Diese spiegeln sich auch in unseren Interviews wider. Die Bandbreite reicht von dem verächtlichen Vorwurf, Frauen könnten nicht mit Geld umgehen und würfen es ja nur zum Fenster hinaus, bis zur Wunschvorstellung, daß Frauen sparsam sein und sich mit dem Einteilen von Geld und dem Verwalten des Haushaltsbudgets begnügen sollten. Hier ist auch die Unterscheidung zum männlichen Geschlechtsrollenklischee festzumachen, das sehr wohl eindeutig ist: Die Männer bestimmen die Höhe des Haushaltsbudgets, treffen die Entscheidungen – den Frauen bleibt die Ausführung überlassen. Von Männern wird erwartet, daß sie sich in Geldangelegenheiten besser auskennen als Frauen, weil man annimmt, daß sie aufgrund ihrer Berufstätigkeit mehr mit Geld zu tun haben.

Prägendes in der Kindheit

Als hauptverantwortlich dafür, daß Frauen weniger Kompetenz zugesprochen wird, mit Geld umzugehen, als Männern, betrachten unsere Interviewpartnerinnen die elterliche Erziehung. Vor allem in niedrigeren sozialen Schichten und in ländlichen Gebieten werden Mädchen häufig von Geldangelegenheiten ferngehalten. Jungen erhalten früher Taschengeld als Mädchen, um zu lernen, es »vernünftig« anzulegen.

Zahlreiche Untersuchungen bestätigen auch, was sich im Alltag ständig beobachten läßt: Nicht nur Eltern, sondern auch Lehr- und andere Bezugspersonen fördern oder bremsen die Fähigkeiten, Interessen und Eigenschaften der Kinder je nach Geschlecht. Dabei bestehen sehr genaue Vorstellungen und Erwartungen, wie Mädchen und Jungen sein sollten. Diese begleiten die Kinder und Jugendlichen täglich in (Lehr-)Büchern und Zeitschriften, in Zeitungen und auf Plakatwänden, in Radio und Fernsehen. Daraus lassen sich unterschiedliche Anforderungen und unterschiedliche Behandlung der

Kinder ablesen, und die Kinder machen geschlechtsspezifisch unterschiedliche Erfahrungen.

Aus unseren Interviews ist erkennbar, wie das Verhalten von Müttern, Schwestern, Vätern und Brüdern das eigene Verhalten prägt. Daran und an der Beziehung ihrer Eltern zueinander lernten die Frauen schließlich auch, wer welche Kompetenzen, Zuständigkeiten und Einflüsse in Geldangelegenheiten (zu haben) hat.

Die Rolle des Geldes im Elternhaus

Aus den Interviews ergibt sich ein Bild, das dem Vorurteil, Frauen könnten mit Geld nicht umgehen, widerspricht. Es waren nämlich hauptsächlich die Mütter der Befragten dafür zuständig, mit einem meist knappen Budget die Familie zu versorgen.

Bedingt durch den Zweiten Weltkrieg bestand die Familie oft nur aus Mutter und Kind(ern). Um ihre Kinder ernähren zu können, mußten diese Frauen ihre geringe Kriegswitwenpension aufbessern. Das war in dieser Krisenzeit nur möglich, indem sie schlecht bezahlte Lohnarbeit zu schlechten Arbeitsbedingungen annahmen. Die Hausarbeit erledigten sie »zwischendurch« und/oder nachts.

Bei Familien mit Vater herrschte die traditionelle geschlechtsspezifische Arbeitsteilung vor. Das bedeutet, daß die Mutter, unabhängig davon, ob sie selbst berufstätig war oder nicht, für Kindererziehung und Haushaltsarbeit verantwortlich gemacht wurde. Dazu gehörten auch das Verwalten und Einteilen des Haushaltsbudgets, dessen Höhe aber vom Mann bestimmt wurde. Der Vater fühlte sich, selbst wenn er arbeitslos war, für die Erledigung von Haushaltsaufgaben nicht zuständig, ja es war unter seiner Würde, Haushaltsarbeit zu verrichten; er hatte lediglich die Pflicht des Geldverdienens durch außerhäusliche Erwerbsarbeit.

In diesem Zusammenhang fällt auf, daß die »Verwaltung von Geld im Haushalt« umfassender verstanden werden muß als in der klischeehaften Bedeutung, daß die Frau das Geld, das ihr der Mann zum Versorgen der Familie überläßt, (lediglich) einteilt. Dazu gehören nämlich auch die Strategien, die Frauen und Mütter entwickeln, um ihre Angehörigen – unabhängig von der Höhe des Haushaltsbudgets – ernähren und einkleiden zu können (siehe Kap. 2). Dennoch scheinen sie die gesellschaftliche Minderbewertung von Haushaltsarbeit gegenüber bezahlter Lohnarbeit stark verinnerlicht zu haben. Bei der Beobachtung ihrer Eltern übernehmen sie nämlich die Bewertungskriterien der Väter, daß nur Lohnarbeit »wirkliche Arbeit« sei. »*Der Vater arbeitet, und die Mutter verwaltet.*« Das unterstreicht die Wichtigkeit der väterlichen Autorität. Die Männer setzen den (finanziellen) Rahmen für die Tätigkeiten »ihrer« Frauen, womit sie sich deren Abhängigkeit sichern. Unsere Interviewpartnerinnen erkennen genau die Konsequenzen dieses gesellschaftlichen Ungleichheitsverhältnisses:

»... Meine Mutter war auch recht abhängig ... von meinem Vater ... «

Welche unterschiedlichen Möglichkeiten der Einflußnahme auf Kaufentscheidungen nehmen nun die Frauen bei ihren Eltern wahr? Sie sehen folgenden Zusammenhang: Je größer die Anschaffung, desto stärker war das Gewicht der Stimme des Vaters; je prestigereicher die Anschaffung, desto eher wurde sie vom Vater getätigt (siehe Kap. 1). Gleichzeitig läßt sich eine Teilung in »weibliche« und »männliche« Arbeitsbereiche feststellen, in »Innenwelt« und in »Außenwelt«. Allerdings ist die Entscheidungskompetenz der Frauen auch in ihrem »ureigensten« Bereich reduziert. Die Mütter durften jene Entscheidungen eher in Haushalts- und Wohnungsangelegenheiten treffen, für die weniger Geld benötigt wurde. Die Väter waren für größere Anschaffungen, insbesondere im außerhäuslichen Bereich, zuständig. Das läßt den Schluß zu, daß die befragten Frauen die Verfügungs- und Entscheidungsgewalt ihres Vaters als ungebrochen erlebten, wenn er der Alleinverdiener war. Indem er die Höhe des Haushaltsbudgets festlegte, steckte er den (finanziellen) Rahmen ab.

Auch wenn die Frauen eigenes Geld verdienen, läßt sich dieses Zwangsverhältnis zwischen den Geschlechtern leider nur bedingt auflösen. Es bleibt im Ermessen des Mannes, ob beziehungsweise wieviel er von seiner Verfügungsgewalt abgeben will. Je höher allerdings das Einkommen der Frau im Vergleich zu dem ihres Ehemannes ist, desto größer wird ihr Mitspracherecht bei Geldentscheidungen.

» . . . Meine Mutter . . . hatte eine kleine Pension in unserem Dorf. Für meine Mutter war das damals eine Chance, eine gewisse Unabhängigkeit zu leben, auch finanziell. Also alles, was sie dort verdient hat, durfte sie auch ausgeben . . . «

Aus unseren Interviews wird deutlich, daß die Frauen, die wir befragten, in ihrer Lebenseinstellung und in ihrer Einstellung zu Geld stark an beiden Elternteilen orientiert sind. Die Vorbildhaftigkeit der Mutter bestand in ihrer Sparsamkeit, Bescheidenheit, ihrer wirtschaftlichen Denkweise und ihrer Fähigkeit, das Haushaltsbudget einzuteilen. — Im Gegensatz dazu wurde dem Vater hauptsächlich Bewunderung dafür gezollt, daß er Geld verdiente und damit die Familie finanziell versorgte.

Interessant ist nun, welche Normen die Eltern bezüglich Geld ihren Töchtern gegenüber vertraten und weitergaben. Unsere Gespräche mit den Frauen lassen darauf schließen, daß Väter und Mütter bemüht waren, ihren Töchtern Normen und Verhaltensweisen zu vermitteln, die den eigenen zumindest ähnlich waren. Als wesentlich erschien es dabei, den Töchtern einen sparsamen und »vernünftigen« Umgang mit Geld beizubringen. Ebenso wichtig war es den Eltern, ihrer Tochter klarzumachen, daß ein enger Zusammenhang zwischen Verhalten, das als »Leistung« anerkannt wurde, und dessen Belohnung mit Geld bestand; dadurch sollten sie lernen, in unserer Leistungsgesellschaft zu bestehen.

Ein Unterschied läßt sich allerdings darin erkennen, wie Mutter oder Vater der Tochter diese Normen vermittelten: Die Väter wurden — im Vergleich zu den Müttern — beim Setzen von Standards in der Familie als sehr restriktiv erlebt. Das führte dazu, daß die befragten Frauen das Lernen von ihren Vätern als sehr angstbesetzt erlebten. Dazu kommt, daß der Vater — vor allem über die Kontrolle des Taschengeldes — seine Tochter spüren ließ, daß sie von ihm abhängig war.

Im folgenden soll nun genauer analysiert werden, wie die Vermittlung von Vernunft- und Leistungsstandards über Geld erfolgte und mit welchen Auswirkungen auf das Verhalten und Selbstbewußtsein der Mädchen und Frauen das verbunden war.

Wie bereits erwähnt, versuchten Väter und Mütter, ihre Töchter auf »bleibende Werte« und »vernünftiges Geldausgeben« auszurichten. Die Mutter vermittelte ihrer Tochter diese Normen dadurch, daß sie selbst sparte (Vorbildfunktion). Im Gegensatz dazu trachteten die Väter danach, ihren Töchtern die Sparsamkeit durch Restriktionen und Verbote »anzuerziehen«.

Das bedeutet, daß die Befragten als Mädchen und Jugendliche, wenn überhaupt, sehr wenig Geld zur eigenen Verfügung erhielten. Ihre Ausgaben mußten sie sehr genau abrechnen. Die Frauen erinnern sich daran, als Mädchen gegenüber dem Vater sehr gehorsam gewesen zu sein und dessen Wünsche und Befehle akzeptiert zu haben. Als Jugendliche hatten sie daher seine Werte bereits verinnerlicht, so daß sie es auch später nicht mehr wagten, für sich selbst Geld auszugeben.

»... Ich bin in Amerika, wo der Vater mir wirklich jedes Geld mitgegeben hat; ich hab' es auf der Bank liegen gehabt; ich hab' es nicht genommen; ich bin selber verdienen gegangen, oder ich bin gesessen und habe nicht die Heizung aufgedreht, im Mantel gesessen, nur damit ich das einspare ... «

Auch heute bekommen unsere Interviewpartnerinnen noch häufig ein schlechtes Gewissen, wenn sie Geld — insbesondere für sich selbst — ausgeben (siehe Kap. 5).

Vergleicht man, welche Leistungen von Vater beziehungsweise Mutter mit Geld honoriert wurden, so ergibt sich wieder die bereits genannte Trennung »innen/außen« (Haushalt/Schule). Der Vater machte die Bezahlung von Taschengeld häufig von guten Noten in der Schule abhängig. Die Mutter lehrte, daß auch Hausarbeit »Arbeit« ist, indem sie dafür Geld bezahlte.

»... Meine Mutter hatte dann eine Tabelle aufgestellt mit uns. Fürs Geschirrspülen hat man da einen Fünfer oder einen Zehner gekriegt — je nach dem — und fürs Schuheputzen und fürs Treppenputzen oder ... für solche Dinge wurden wir praktisch bezahlt. Und somit haben wir also das getan, was wir sowieso hätten tun müssen, und dann hat man natürlich noch ein bißchen mehr getan ... «

Das »Anreizsystem« der Väter war für die Mädchen sehr angstbesetzt. So war es für viele Töchter fast unmöglich, sich dem Vater (mit der Bitte um Geld) zu nähern, wenn ihre schulischen Leistungen nicht »stimmten«.

» . . . Wenn ich schlechte Noten hatte, hab' ich mich gar nicht getraut; weil sonst sofort kommt: Du verplemperst dein Geld, arbeitest nichts Anständiges . . . Dann war natürlich sofort die Angst da, na ja — und jetzt auch noch um Geld zu fragen, das ist zuviel. Ich habe es auch selten probiert . . . «

Frauen verfügen über weniger Geld als Männer. Dadurch entsteht ein spezifisches Abhängigkeitsverhältnis. Das erlebten unsere Interviewpartnerinnen nicht nur innerhalb der Beziehung ihrer Eltern zueinander, sondern auch in ihrer eigenen Beziehung zum Vater. Zumeist war der Vater dafür zuständig, Taschengeld auszubezahlen. Die Mutter aber sorgte dafür, daß er es auch tatsächlich bezahlte:

»(Der Vater sagte) . . . also wozu braucht ihr Geld? Wenn ihr was braucht, könnt ihr ja zu mir kommen . . . Und da hat die Mutter immer drauf geschaut, daß er einmal im Monat das Geld rausgerückt hat . . . «

Im Sinne der Erziehung zu Sparsamkeit und Vernunft beziehungsweise indem er Geld als Anerkennung für erbrachte Leistungen anbot, behielt sich der Vater das Recht vor, nach seinem Gutdünken Anerkennung und Geld zu verteilen oder zu verweigern. Um vom Vater geliebt zu werden, mußte die Tochter seinen Regeln gehorchen und — im Zweifelsfall — ihn um Rat fragen. Das kann sich bis ins Erwachsenenalter fortsetzen:

» . . . Ich war dann geschieden. Und da hab' ich eigentlich den ersten Alleinschritt gemacht. Da hab' ich meinen Vater nicht mehr dazugenommen, sondern hab' die Scheidung allein gemacht. Das war eigentlich das erste Mal . . . wo er dann auch eigentlich böse auf mich war . . . «

Eine väterliche Strategie war es also, die Selbständigkeit der Töchter nicht anzuerkennen und deren Bestrebungen nach Autonomie nicht ernst zu nehmen.

Untersuchungen haben ergeben, daß ein direkter Zusammenhang besteht zwischen dem Vertrauen, das einer Person entgegengebracht wird, und dem Selbstbewußtsein, das diese entwickelt. Je mehr Vorschußvertrauen die Frauen demnach erhalten, desto selbständiger und angstfreier können sie ihre eigene Entwicklung und ihre Beziehung zu Geld gestalten.

» . . . Der Vater war immer bemüht, uns zu fördern. Er wollte, daß ich studiere, obwohl es eine finanzielle Anstrengung war. Die Eltern waren stolz auf mich. Mein Vater wußte, daß ich aus meinem Beruf etwas machen würde . . . «

Diese und ähnliche Aussagen hört man daher eher von beruflich selbständigen Frauen oder Frauen in höheren beruflichen Positionen. Diejenigen Frauen, die mit Brüdern aufwuchsen, fühlten die Unterschiede geschlechtsspezifischer Erziehung besonders hautnah. Als Mädchen machten sie die Erfahrung, daß sie weniger galten als ihre Brüder. Sie mußten hinter ihren Brüdern zurückstehen und lernen, daß Gehorsam und Bescheidenheit von Frauen gegenüber Männern »normal« sind.

» . . . Er war der Jüngste, und sie haben sich immer einen Buben gewünscht. Er ist auch dementsprechend aufgebaut worden . . . «

Von Kindheit an setzten die Eltern hohe Erwartungen in die berufliche Zukunft ihrer Söhne. Sie gaben ihnen höheres Taschengeld als den Töchtern und ermöglichten ihnen eine adäquate Berufsausbildung. Im Gegensatz dazu drehten sich Erwartungen der Eltern bezüglich der Zukunft ihrer Tochter rund um Ehe und Familie. Eine Frau, deren Brüder studierten, berichtete uns, wie ihr Vater ihre Mitgift berechnete:

» . . . Ich selbst habe kein Studium gemacht; er hat mir allerdings, als ich heiratete, einen Betrag ausbezahlt, der ungefähr dem entsprach, was die Brüder fürs Studium gebraucht haben . . . «

Frauen werden als Ware betrachtet, die nach der Hochzeit vom Besitz des Vaters in den Besitz des Ehemanns übergeht. Dies ist nicht bloß eine Betrachtungsweise aus »früheren Zeiten«:

» . . . ich habe Geld so kennengelernt, daß mein Vater mir vorrechnete, was ich gekostet habe. Bei meiner Hochzeit bekam ich dann alle Rechnungen in einem Ordner mit . . . «

Die Frauen lernten auch, daß es Männersache sei, zu erben. Nicht nur, daß es ihre Brüder waren — und nicht sie selbst —, denen die Hauptanteile an der Erbschaft zustanden, sondern auch die Erbschaft selbst wurde als Geschenk des Vaters betrachtet. Der Blick dafür, was jeweils die Mutter geleistet hat, um den Aufbau des Familienvermögens mitzutragen, fehlt:

»... Der Vater hat den zwei Buben alles vererbt, und die Mädeln haben ein Pflichtteil ... weil das zusammenbleiben muß, und die Familie und die Männer sind wichtiger, und die Weiber sind nicht wichtig. Für uns war das eigentlich völlig klar ... «

Die beschriebenen Kindheitserfahrungen lassen erkennen, mit welchen Schwierigkeiten Frauen konfrontiert sind: Einerseits bekommen sie kaum Unterstützung dabei, ihr Selbstbewußtsein aufzubauen, andererseits bleibt ihnen der Weg zum Geld verwehrt (indirekt — schlechtere Berufsausbildung, direkt — weniger Taschengeld als die Brüder).

Frauen müssen, im Unterschied zu Männern, ihre Leistungsfähigkeit erst unter Beweis stellen, bevor ihnen Vertrauen entgegengebracht wird. In Ausnahmefällen verleiht ihnen allerdings gerade dieser Umstand Stärke und erzeugt den Wunsch, es allen zeigen zu wollen.

Eine Devisenhändlerin erklärte uns ihren beruflichen Ehrgeiz und den Einsatz ihrer gesamten Energie im Kampf gegen die Diskriminierung von Frauen in dieser Männerdomäne folgendermaßen:

»... Indirekt wurde das vielleicht unterstützt, weil ich mich durchsetzen mußte gegen meinen älteren Bruder, der der Stolz der Familie war. Ich spürte ... die heiratet sowieso einmal ... «

Geschlechtsspezifische Arbeitsbereiche

Unsere Interviews bestätigen, daß Geld Ungleichheit in den Beziehungen der Geschlechter zueinander schafft und damit soziale Trennungslinien errichtet. Nun soll dargestellt werden, wie die Verfügungsgewalt über Geld auch mit einer räumlichen Trennung in »weibliche« und »männliche« Arbeitsbereiche einhergeht. Die Grenzen dieser Bereiche bezeichnen gleichzeitig die Grenzen der Teilhabe an Macht und Privilegien in unserer Gesellschaft.

Innenwelt und Außenwelt

Aus den Interviews lassen sich Arbeitsbereiche erkennen, die stets im Zusammenhang mit Frauen genannt werden; andere werden fast ausschließlich mit Männern in Verbindung gebracht.

Nach wie vor gilt der Haushalt als Hauptverantwortlichkeitsgebiet der Frauen. Unabhängig davon, ob die Frauen berufstätig sind oder nicht, spart die geschlechtliche Arbeitsteilung in der Familie den Ehemann aus der Mitverantwortung für Haushaltsarbeit und Kinderversorgung aus (vgl. Becker-Schmidt/Knapp 1987).

Die Frauen sind nicht nur für die Haushaltsorganisation und die täglichen Einkäufe zuständig, sondern haben dieses gesellschaftliche Zwangsverhältnis schon so weit verinnerlicht, daß sie sich auch für das leibliche und seelische Wohl ihres (Ehe-)Partners verantwortlich fühlen. Um der Verpflichtung nachzukommen, die mit der Geschlechtsrolle verknüpft ist, werden berufstätige Frauen zu Organisationsgenies. Gleichsam nebenbei erledigen sie die ihnen auferlegte Versorgung des Partners. Sie nehmen dabei große Mühen auf sich, um die Erwartungen ihrer Partner an ihre häusliche Perfektion zu befriedigen:

» . . . In der Mittagspause komme ich um Viertel vor eins heim, und um zwei fahre ich wieder. Ich kann manche Sachen in der Früh vorarbeiten, oder ich schaue in den Gefrierschrank. Für aufwendige Menüs reicht die Zeit nicht aus . . . Ich koche schon, ich überlege mir, worauf er Lust hätte . . . «

Selbst in sogenannten gleichberechtigten partnerschaftlichen Beziehungen bleibt die Hauptverantwortlichkeit der Frauen für das Haushaltsmanagement zumeist bestehen. Der Ort, der ihnen in der Gesellschaft zugestanden wird, wird zur Heimat, die sie ihrem Partner zu geben versuchen (vgl. Thürmer-Rohr 1987). In Ermangelung des Zugangs zu außerhäuslichen Bereichen haben sie gelernt, die »Innenwelt« als ihren Zuständigkeitsbereich anzusehen. Es ist dies ihr Arbeitsplatz, auf dem sie sehr selbstbewußt agieren; sie wissen um ihre Fähigkeiten in diesem Bereich.

Um zumindest diesen Bereich für sich zu behalten, sprechen sie oft den Männern deren Selbständigkeit und den Überblick in bezug auf die praktische Haushaltsorganisation ab:

» . . . Also mein Mann hatte nie Zeit (für Hausarbeit) . . . reines Kaffeema-
chen, das ist schon eine Doktorarbeit. Wenn er den Kaffee aufgesetzt hat, ist
er bei mir schon fertig . . . und das geht mir halt gegen den Strich . . . «

Insofern tragen sie auch selbst dazu bei, sich den Haushalt als »das
verordnete und genehmigte« Rückzugsgebiet zu erhalten, weil ihnen
nämlich »kein anderer Raum zur Verfügung steht, der ihrer wäre«
(vgl. Thürmer-Rohr 1987).

Ergänzend dazu ist die »Außenwelt« der Zuständigkeitsbereich
der Männer: Die Berufssphäre ist von Männern dominiert und auf
Männer zugeschnitten. Ebenso werden die Aufgaben der Außenre-
präsentation der Innenwelt fast durchgängig von den Familienvätern
erledigt.

Problematisch ist jedoch nicht so sehr diese Trennung in »weibliche« und »männliche« Bereiche an sich, sondern vielmehr die damit
verbundene frauendiskriminierende Bewertung.

Würde man die in der Gesellschaft verrichteten Arbeiten beziehungsweise die Personen, die sie verrichten, nach ihrer Wertigkeit
und ihrem Sozialprestige reihen, so rangierte Hausarbeit am unteren
Ende der Skala. Folgende Beziehungen stehen in Wechselwirkung
zueinander (vgl. von Werlhof 1985):

- Je höher eine Arbeit bezahlt wird, desto mehr Prestige hat sie ten-
  denziell in der Gesellschaft.
- Je höher der Frauenanteil bei bestimmten Arbeiten/Berufen ist,
  desto größer ist die Wahrscheinlichkeit, daß die dafür bezahlten
  Löhne und Gehälter niedrig sind.

Das ist bei der ungleichen Bewertung von Berufsarbeit und Haushaltsarbeit offensichtlich. Berufsarbeit rangiert in unserer Gesellschaft immer höher als Hausarbeit, nicht zuletzt, weil sie mit Geld
entlohnt wird. Einen Extremfall bildet die unbezahlte Hausarbeit,
die gern als »Arbeit aus Liebe« betrachtet wird.

Diese ungleiche Bewertung setzt sich auch innerhalb der Innen-
und der Außenwelt fort. Das zeigt sich in der Innenwelt daran, daß
die dort von Männern verrichteten Arbeiten mehr gelten. − Stellen
wir uns nur vor, wie ein Mann gelobt wird, der einen Kuchen ge-
backen hat − eine Angelegenheit, die bei Frauen als »normal« gilt

und daher kaum extra gewürdigt werden muß. Genauso ist in bezug auf die Außenwelt hinlänglich bekannt, daß Frauen meist weniger verdienen als ihre männlichen Kollegen in vergleichbaren beruflichen Positionen.

Geld als Wertmesser für Macht und Sozialprestige

Berufsarbeit ist auf Männer zugeschnitten: Sie ist so organisiert, daß der Berufstätige die Zuarbeiten und Hilfsdienste anderer Personen in Anspruch nehmen muß. Diese Leistungen sind in den meisten Fällen die Aufgabe der Ehefrau (vgl. Beck-Gernsheim 1980). Diese Aufgabe besteht im wesentlichen darin – oft auch auf Kosten der eigenen Entfaltungsmöglichkeit –, alle Energien des Mannes für die Berufsarbeit freizusetzen (vgl. Veith 1987). Außerhäusliche Erwerbsarbeit ist Frauen somit meist erst nach Erfüllung »ihrer« häuslichen Pflichten möglich.

Im Berufsleben gilt »männliche« Logik. Gefordert werden: Rationalität, Konkurrenzorientierung, individuelles Durchsetzungsvermögen und eine auf persönlichen Erfolg ausgerichtete, gegen Sozialbeziehungen möglichst abgeschottete Arbeitsweise.

Die Arbeitsbedingungen begünstigen Männer und benachteiligen Frauen, was sich nicht zuletzt in ungleicher Bezahlung ausdrückt. Frauen haben, besonders in wirtschaftlichen Krisenzeiten, nur erschwert Zugang zu attraktiver Berufsarbeit, also zu Jobs, die gut bezahlt sind, gute Aufstiegschancen und gute soziale Absicherung bieten.

Dies wird oft dadurch gerechtfertigt, daß Frauen auf dem Arbeitsmarkt als »Dazuverdienerinnen« gelten. Der Verweis auf mögliche Schwangerschaft dient nicht nur dazu, den Haushalt und die damit verbundene Arbeit als »weiblichen« Bereich zu deklarieren, sondern auch dazu, Frauen für Berufsarbeit weniger zu bezahlen als Männern.

Ebenso läßt die Ideologie vom »spezifisch weiblichen Arbeitsvermögen« Hausarbeit als für Frauen besonders geeignet erscheinen, weil sie im unmittelbar überschaubaren Kontext der Familie geschieht. Der Arbeitsvollzug richtet sich nach den Bedürfnissen der Familienmitglieder. Die Arbeit im Haushalt, so lautet das Klischee, erfordert persönliche und personenbezogene Sensibilität, eine Fähigkeit des Fühlens und Mitfühlens — »Gebrauchswertorientierung« (vgl. Beck-Gernsheim 1981) —, die in unserer Gesellschaft hauptsächlich Frauen zugeschrieben wird. Das bewirkt, daß Frauen nicht wählen können, welche Arbeit (Berufsarbeit oder Hausarbeit) sie in welcher Form verrichten wollen.

In Zeiten hoher Arbeitslosigkeit kann man feststellen, daß Frauenarbeit insgesamt zunimmt. Frauen müssen dann immer mehr durch private Mehrarbeit ausgleichen, was aufgrund von reduzierten Sozialleistungen und geringerem Haushaltseinkommen nicht mehr mit Geld gekauft werden kann — eine Frauenarbeit, die unsichtbar bleibt, weil sie nicht entlohnt wird (siehe Kap. 2). Zum anderen müssen sie Erwerbsarbeit suchen, für die sie immer weniger Geld bekommen und deren Bedingungen immer schlechter werden.

Die Situation, daß Männer über mehr Geld verfügen als Frauen, bleibt daher bestehen. Da auch Macht über Geld gemessen wird, bleiben Frauen die finanziell Abhängigen.

Viertes Kapitel

Geld und Lebenskonzepte

Als der Winter kam, deckte der Schnee ein weißes
Tüchlein auf das Grab, und als die Sonne im Früh-
jahr es wieder herabgezogen hatte, nahm sich der
Mann eine andere Frau.
Die Frau brachte zwei Töchter mit ins Haus, die
schön und weiß von Angesicht waren, aber garstig
und schwarz von Herzen. Da ging eine schlimme
Zeit für das arme Stiefkind an.

Was prägt . . .

Fast alle Stationen des Lebens sind auch Stationen, die das Verhältnis zu Geld und den Umgang damit berühren. In diesem Kapitel
werden deshalb *Brüche* im Leben von Frauen beschrieben, und es
wird der Versuch gemacht, den Zusammenhang zwischen den finanziellen Konstellationen dieser Life-events und den Auswirkungen
auf die Lebenskonzepte von Frauen darzustellen. Unter diesen Stationen, Life-events oder Brüchen verstehen wir Ereignisse, die das
Leben verändern.

Diese können eher von außen verursacht sein wie: Krieg, Tod von
nahen Angehörigen, Arbeitslosigkeit, Zusammenbruch des Familienvermögens etc. Oder es können Ereignisse sein, die mehr oder
weniger bewußt gesteuert werden, wie: das erste selbstverdiente
Geld, Berufsanfang, Heirat, Kinder, finanzieller Überfluß, Scheidung, Geschäftsgründung, Pensionierung etc.

Es ist bekannt, daß außergewöhnliche äußere Umstände, wie zum
Beispiel Krieg oder der Tod des Partners, Frauen dazu zwingen, selbständig für die Existenzsicherung zu sorgen. Dies tun sie dann mit-

unter so erfolgreich, daß Berufskarrieren daraus entstehen können. Unsere Interviewpartnerinnen gehörten überwiegend nicht zu dieser Gruppe Frauen, sondern ihre Erfahrungen mit Brüchen sind eher durch Sozialisation, Schichtzugehörigkeit, Gesellschaftsstrukturen und individuelles Wollen bestimmt. Wir fanden überwiegend vier Lebenskonzeptmodelle, für die sich die Frauen bewußt oder aus Tradition entschieden hatten. Grundtenor aller vier Modelle, die wir im folgenden vorstellen, ist die Ambivalenz zwischen Selbständigkeit und Abhängigkeit. Der Wunsch nach Autonomie und gleichzeitig Abhängigkeit ist nicht auf einzelne Frauen beschränkt, sondern bei allen zu beobachten, weshalb wir im folgenden die Vor- und Nachteile der beiden Pole vorstellen wollen.

Vorteile von Abhängigkeit

Abhängigkeit bedeutet immer Nähe zu einer anderen Person. In einer Liebesbeziehung bedeutet dies die Nähe zum geliebten Partner, auch wenn die Macht in einer solchen Beziehung unterschiedlich verteilt ist. Der abhängige Partner wird von Verantwortung entlastet, während der andere Partner die Verantwortung für den Abhängigen übernimmt und somit belastet wird. Viele Frauen verwechseln diese Abhängigkeit mit Liebe, was dazu führt, daß sie aufopfernd, hingebungsvoll und angepaßt ihrem Partner »die Wünsche von den Augen ablesen«. Nach Riemann (1973) ist eine derartige Beziehung dadurch gekennzeichnet, daß die Frau mit dem als wertvoll und stark empfundenen Mann verschmelzen will, um durch das Einswerden mit ihm Anteil an seiner Stärke zu haben und so der schmerzhaften Ichwerdung zu entgehen.

Die Hoffnung, nie mehr allein zu sein, alles Schwere abgeben zu können, ist verführerisch, und viele Frauen scheinen durch ihre Erziehung dafür besonders anfällig zu sein. Die verwöhnende Mutter, die das kleine Mädchen nicht losläßt und es durch Weichheit und Zärtlichkeit an sich bindet, erzieht das Mädchen früh zur Abhängigkeit und unterdrückt damit die kindlichen Impulse nach Selbständigkeit. Das kleine Mädchen glaubt, daß die Mutter es vernachlässigen und schlimmstenfalls verlassen könnte, wenn es zu selbständig und unabhängig ist. Und um das zu verhindern, macht es sich klein. Gleichzeitig übt das Mädchen über die Mutter Macht aus, da diese von der Tochter in erster Linie geliebt werden will und die Verweigerung von Nähe und Liebe die wirksamste Waffe in der Hand des Mädchens ist.

Nach diesem Muster von Macht und Abhängigkeit spielen diese Mädchen auch als Frauen unbewußt weiter: Als »kleine Mädchen« machen sie sich vom Mann abhängig, um seine Liebe zu gewinnen, und überschütten ihn derart mit Zärtlichkeit, daß sie über diese Hingebung indirekt Macht über ihn ausüben (siehe Kap. 6).

So gesehen werden in vielen Ehen und Lebensgemeinschaften die vertrauten Abhängigkeitsmuster der Eltern-Kind-Beziehung neu belebt. Nancy Friday stellt die Theorie auf, daß in jeder Frau – bei der einen mehr, bei der anderen weniger – der kindliche Wunsch nach Versorgung latent vorhanden ist. Als Bedingung für das Wachsen des Selbstbewußtseins von Frauen setzt sie deshalb voraus, daß diese lernen, ihre problematische Mutter-Tochter-Beziehung erfolgreich zu lösen. Erst dann sind sie in der Lage, auch daran zu glauben, daß sie ihre Probleme selbst lösen können. (Friday 1982)

Nachteile von Abhängigkeit

Ist der abhängige Partner in einer Beziehung auch scheinbar versorgt und entlastet, so leistet er doch Erhebliches: Er ist immer verfügbar.

Bei Frauen mit Kindern wird dies deutlich, wenn sie äußern, daß es ihr Lebensziel sei, immer von allen gebraucht zu werden. Was hier ausgedrückt wird, ist der Verzicht auf eigene Wünsche und Interessen. Doch diese Haltung wird nicht belohnt, da diese Frauen nur noch in ihrer Rolle als Mütter ernstgenommen werden: Bei Diskussionen sind sie keine Gesprächspartnerinnen, da ihr eigenständiges Denken verkümmert ist und sie uninteressant und ohne Ausstrahlung wirken.

Da sie wenig Selbstbewußtsein haben, sind sie aber gleichzeitig sehr auf die Bestätigung von außen angewiesen, was im Extremfall dazu führen kann, daß sie bei vermeintlicher Ablehnung den Familienrahmen nur ungern verlassen. Dies wiederum führt dazu, daß sich die Erwartungen an Partner und Kinder ins Unermeßliche steigern können, was bei Nichterfüllung zu Schuldzuweisung an die anderen oder zu zunehmender eigener Lebensangst führen kann.

Gefühle des Nicht-ernst-genommen-Werdens und Kommentare wie »Er behandelt mich wie ein Kind!« treten auf. Dieses Zusammenspiel von mangelndem Selbstvertrauen und der daraus resultierenden Entscheidungsschwäche, dem Fixiertsein auf die Reaktionen des Partners und der Vernachlässigung der eigenen Person führt nicht selten zu tiefen Depressionen, die ohne Ausweg erscheinen, da der Retter/Partner nicht fähig oder willens ist zu helfen.

Genau aus diesem Zurückgeworfensein auf die eigene Person resultiert aber die Angst dieser Frauen; deshalb haben sie sich klein gemacht, die eigene Neugier bekämpft, es unterlassen, neue Wege zu denken oder zu gehen, und ihre Reflexionsfähigkeit verkümmern lassen.

Die Angst vor Liebesverlust war stärker als der Wunsch nach Eigenständigkeit, aber die Flucht war umsonst, denn am Ende bleiben sie allein – ein Teufelskreis.

Vorteile von Autonomie

Spricht man von einem »autonomen Menschen«, so fallen Begriffe wie »selbständig, verantwortlich und selbstsicher«. Daß diese Begriffe positiv eingestuft werden, hat noch keine lange Tradition, und überträgt man diese Zuschreibungen auf Frauen, so wird der Wertewandel deutlich: Eine Frau wurde noch vor hundert Jahren positiv eingeschätzt, wenn sie »gottesfürchtig, gehorsam und demütig« war. Obwohl von Frauen auch heute noch häufig eine demütige Haltung und Einstellung erwartet werden, so sind sie doch in zunehmendem Maß in der Lage, sich von diesen Erwartungen zu emanzipieren, ohne gesellschaftlich sanktioniert zu werden. Im Zuge dieser erkämpften Emanzipation lernten Frauen oft sehr schmerzhaft, sich selbst wichtig zu nehmen, eine eigene Meinung zu haben und zu vertreten und auch gesellschaftlich Verantwortung zu übernehmen.

Die Vorteile sind deutlich: Eine eigene Meinung zu haben, sie sich selbst durch widerstreitende Ideen gebildet zu haben, erhöht den Selbstwert und führt dadurch zu Lebensfreude und Lebensbejahung. Sich selbst annehmen zu können beinhaltet gleichzeitig die Achtung des anderen und die Verantwortlichkeit sich selbst und dem anderen gegenüber. Autonomie heißt auch Nein-sagen-Können, wenn Konsequenzen der Entscheidungen den eigenen Vorstellungen von Welt nicht entsprechen — auch wenn das Neinsagen Unbequemlichkeiten mit sich bringt.

Gesellschaftlich können autonome Frauen Erfolge erzielen, aktiv eingreifen und gestalten und dabei hohes Prestige erreichen. Finanziell sind Frauen in dem Maß autonom, indem sie selbst Geld verdienen oder darüber verfügen können.

Nachteile von Autonomie

Die Nachteile der Autonomie sind trotz des sozialen Wandels speziell für Frauen noch immer erheblich. Vor allem der Vorwurf, »unweiblich« zu sein, trifft die Frauen am Nerv, denn die Definitionen »weiblich« und »unweiblich« sind in ihrer Gegenüberstellung abwertende Beurteilungen, die nach wie vor unterschwellig unterstellen, daß eine Frau entweder kompetent und unweiblich oder inkompetent und weiblich sei (siehe Kap. 5 und 6).

Neben diesen spezifischen Schwierigkeiten mit Autonomie haben Frauen besondere Probleme beim Eingehen und Austragen von Konflikten und Konkurrenzkämpfen. Der Kritik ausgesetzt zu sein, mit unbequemen Konsequenzen von Entscheidungen leben zu müssen, das sind neue Erfahrungen, deren Verarbeitung emotional große Stärke oder viel Unterstützung benötigt. Anzuecken und gesellschaftlich möglicherweise nicht anerkannt zu werden, kann ein weiterer Nachteil sein.

»Nach den eigenen Gesetzen lebend« ist die Übersetzung von »autonom«. Als Gefahren sind deshalb Selbstherrlichkeit, Ichbezogenheit auf die »eigenen Gesetze« und Rücksichtslosigkeit zu nennen, Verhaltensweisen, die einen mehr oder weniger autonomen Menschen zu einem schwierigen Partner machen können. Vernachlässigte Beziehungen und daraus drohende Einsamkeit sind nicht selten der Preis für Autonomie.

Die vier beschriebenen Lebenskonzepte ranken sich um ein Mehr oder Weniger an Abhängigkeit oder ein Mehr oder Weniger an Autonomie, und in jeder Frau ist, je nach Lebenszusammenhang, wechselnd die eine oder andere Tendenz stärker ausgeprägt.

Wir sind uns darüber im klaren, daß es außer diesen vier beschriebenen Konzepten noch andere gibt, die wir hier nicht berücksichtigen. So fehlt zum Beispiel das Konzept der Frauen, die bewußt ohne Partner ein Kind zur Welt bringen und es von Anbeginn allein erziehen — meist unter extrem schlechten finanziellen Bedingungen. Trotzdem glauben wir, daß die von uns gefundenen Modelle für einen Großteil der Frauen repräsentativ sind, weshalb wir sie im folgenden vorstellen, ihre finanziellen Auswirkungen beschreiben und kritisch bewerten.

Die Nur-Hausfrau

Das derzeit politisch nach wie vor am meisten gepriesene Rollenvorbild für Frauen ist das Bild der Ehefrau und Mutter. Auch wenn viele Frauen die Ziele der Frauenbewegung übernommen und in ihren Lebensstil integriert haben, bleibt es — gemäß wissenschaftlichen Befunden — weiterhin so, daß die überwältigende Mehrheit der Frauen ihr vorherrschendes Ziel in Heirat und Mutterschaft erblickt (Greenglass 1986).

Auch die von uns interviewten Frauen hatten sich überwiegend für dieses Lebenskonzept entschieden.

Heiratet ein Paar jung, so verläuft der Einstieg in die Ehe bei vielen unserer Frauen »klassisch«:

» . . . Realgymnasium, normaler Studienanfang . . . Dann habe ich meinen Mann kennengelernt, und aufgrund verschiedener Probleme haben wir uns geeinigt, daß zuerst er sein Studium fertig macht und ich arbeite . . . «

Ganz selbstverständlich übernehmen die Frauen die Finanzierung des Studiums und die Existenzgründung und dokumentieren so von Anfang an die Zweitrangigkeit ihres Berufes. Der Wechsel in die Zukunft, verbunden mit der Hoffnung, nach dem Studium des Mannes die eigene Ausbildung zu beenden, wird selten vollzogen, denn zumeist sind sehr bald Kinder da, die der Pflege bedürfen. Ist die Frau mit ihrer Ausbildung zu Beginn der Ehe fertig, sieht der Einstieg wie folgt aus:

»... dann hab ich mit 24 geheiratet, habe dann noch bei einem Arzt gearbeitet, halbtags. Nach zwei, drei Jahren habe ich das erste Kind bekommen und habe aufgehört zu arbeiten ... «

In beiden Fällen ist das traditionelle Grundmuster erkennbar, das für den Mann als Aktivitätsfeld die Berufswelt, für die Frau die häusliche Welt, die Arbeit aus Liebe, vorschreibt. Erklärungen für dieses selbstverständliche Unterordnen der Frau gibt es in der Literatur viele. Zwei Erklärungen erschienen für unsere Untersuchungen nützlich:

Als »Cinderella-Komplex« (Colette Dowling 1984) wird die Angst der Frauen beschrieben, Verantwortung zu übernehmen. Ursprung dieses Verhaltens wird in der mangelnden Ermutigung des kleinen Mädchens gesehen, Eigeninitiative und Eigenverantwortung zu übernehmen, was später zu mangelnder Selbstachtung, Passivität und Abhängigkeit führt. Das daraus resultierende Gefühl der Inkompetenz läßt Frauen in ihrer Lebensplanung unbewußt zu Strategien greifen, die als »Erfolgsvermeidungskonzepte« bekannt sind.

Neben diesem intrapsychischen Problem der Frauen ist auch noch die geschlechtsspezifische Arbeitsteilung in unserer Wirtschaftsgesellschaft in Anschlag zu bringen. Diese läßt sich als »weibliche Gefühlsarbeit« und »männliche Sacharbeit« definieren (Beck-Gernsheim 1980), was dazu führt, daß die Ehefrau die stillschweigende Hintergrundarbeit leistet und es so dem Mann ermöglicht, von privaten Alltagssorgen befreit, sich voll in seinen Beruf — mit den dort üblichen Zwangsvorgaben von Zeit- und Kostenökonomie — einzufügen.

Diese Eineinhalb-Personen-Karriere ist dadurch gekennzeichnet, daß der Mann bei einer Institution angestellt ist, seine Karriere jedoch wesentlich davon abhängt, daß die Ehefrau freiwillig Aktivitäten in Form von Zulieferarbeiten übernimmt, die nach außen wenig sichtbar sind und fast immer unbezahlt bleiben. »Die Berufsarbeit ist nicht so sehr zugeschnitten auf den familienfreien Mann, sondern genauer auf den familienfreien Ehemann« (Beck-Gernsheim 1980).

Viele Frauen wehren sich nicht gegen die Ansprüche der Ehemänner und sind sich auch im Rückblick nicht darüber im klaren, ob bei ihrem Zurückstehen eher die schlechtere Ausbildung eine Rolle spielte oder die traditionelle geschlechtsspezifische Erziehung. Auch viele Studentinnen kommen nicht auf die Idee, ihr Studium abzuschließen, während der Mann Geld verdient. Und berufstätigen Frauen kam es vor fünfzehn, zwanzig Jahren gar nicht in den Sinn, sich gegen den Mann zu wehren, wenn dieser wollte, daß die Ehefrau zu Hause blieb. Es war ja auch sehr bequem. Die Folge dieses Nur-Hausfrauen-Lebens — bezogen auf den Umgang mit Geld — ist, daß die Frau sehr deutlich empfindet, daß sie nicht ihr eigenes Geld ausgibt, sondern das des Ehemannes.

Trotz rationaler Überlegung, daß es sich um »unser Geld« handle, führt die finanzielle Abhängigkeit zu Unsicherheit und psychischer Labilität, die bei den von uns interviewten Frauen erschreckend häufig den Beginn eines Leidensweges signalisieren, der von immer den gleichen Merkmalen begleitet ist:

- Die Frauen wissen nicht, wieviel der Mann verdient, und trotz List und Liebe bekommen sie es nicht heraus.
- Das Haushaltsgeld wird vom Mann extrem knapp und für einen kurzen Zeitraum (meist eine Woche) zugeteilt.
- Sparkonten, Versicherungen, Anlagen verwaltet der Mann selbst und gibt keine genauen Auskünfte darüber, spricht jedoch immer davon, daß »nicht viel Geld da ist«.

Gewohnt zu gehorchen, brauchen Frauen lange, bis sie sich wehren:

» . . . Und erst, nachdem ich zwanzig Jahre verheiratet war, bin ich zum Friedensrichter gegangen, um zu fordern, daß ich »Sackgeld« bekomme und ein richtiges Haushaltungsgeld für einen Monat. Und über den Friedensrichter hat es dann geklappt, daß mein Mann damals sagte ›Du hättest nur etwas zu sagen brauchen‹ — also das war schlimm . . . «

Geld als Mittel zur Demütigung — das erfahren viele Frauen in der Ehe. Kommen sie mit dem spärlich bemessenen Haushaltsgeld nicht aus, halten ihnen die Ehemänner mangelnde Sparsamkeit vor:

» . . . Er hat gesagt: ›Hast du schon wieder alles ausgegeben? Du haust ja das Geld beim Fenster raus!‹ Da hab' ich Angst bekommen und habe auf einmal gedacht, ich kann nicht wirtschaften, ich bin unfähig. Das hat sich dann ganz stark eingestellt — meine Unfähigkeit, Geld zu halten . . . «

Extreme Machtausübung, geplante Dummhaltung, verbunden mit brutaler Abwertung, zerstören das Selbstwertgefühl dieser Frauen. Selbst wenn in einer Ehe die Frau die Vermögende ist, ändert sich wenig an dieser Situation:

» . . . Ich war immer in der Rolle der dummen Kleinen: ›Ohne mich bist du ein Nichts. Das, was du kannst, hast du ausschließlich von mir. Und die großen Dinge verstehst du nicht.‹ Wenn ich gefragt hab', hat er mir wütend und wirklich oft gesagt: ›Willst du jetzt die ganze Firma leiten, Frau Königin?‹ — wirklich, Jahre, Jahre . . . «

Warum, so drängt sich die Frage auf, halten Frauen diese Demütigungen über Jahre hinweg aus? Ein Grund dafür könnte der von der amerikanischen Psychologin Carol Gilligan (1984) entdeckte Unterschied in den Moralvorstellungen von Frauen und Männern sein. Für junge Männer waren diejenigen im höchsten Grade moralisch, die ihre eigenen Rechte beanspruchen konnten, ohne dadurch die Rechte anderer zu beeinträchtigen. Für die meisten jungen Frauen lautete dagegen die moralische Gleichung: »Gutsein heißt Selbstaufopferung« (Großmann 1988).

Ein weiterer Grund liegt sicher auch in der emotionalen Verbundenheit mit den Kindern und in der Angst, diese nach einer Trennung nicht adäquat aufziehen zu können. Auch das Alter spielt eine Rolle: Je älter eine Frau ist, um so schwerer fällt ihr der Entschluß. Wird der Leidensdruck jedoch zu groß oder sind die Kinder alt genug, daß die Mütter eine Arbeit suchen können, kommt es häufig zur Scheidung. Die Aussicht, sich nach der Trennung finanziell wenigstens halbwegs über Wasser halten zu können, bleibt die Voraussetzung für diesen Schritt.

Die psychischen Folgen sind katastrophal:

» . . . Weil ich von zu Hause, von meinem Mann weggegangen bin, da hat er gesagt — und ich hab' das wie einen Fluch aufgefaßt: ›Du wirst in der Gosse landen!‹ Das hat er mir so mitgegeben, und man glaubt das nicht, das geht so hinein, abgesehen sowieso von den ganzen Existenzängsten, wenn man nach soviel Jahren aussteigt ... am Anfang hab' ich Alpträume gehabt, ich wollte mich schon nicht mehr niederlegen wegen der Alpträume. Ich war ja schon dreiundzwanzig Jahre verheiratet ... «

Nur wenigen Frauen geht es finanziell nach der Trennung besser:

» ... Wir haben alle aufgeatmet, und wir haben einfach gelebt, und ich habe einfach Geld ausgegeben. Er hat mir damals noch recht viel gegeben, in der Hoffnung, daß ... «

Für die meisten Frauen ist mit der Scheidung jedoch eine finanzielle Deklassierung verbunden. Fast alle bekundeten, daß eine Scheidung nur möglich war, nachdem sie auf Alimente verzichtet hatten:

» ... Der hätte sich doch nie scheiden lassen, wenn er noch für mich hätte zahlen müssen ... «

Doch trotz massiver Ängste und Schuldgefühle, trotz sozialen Abstiegs und finanzieller Not hat keine der Frauen den Schritt bereut. Wie eine Befreiung erleben die Frauen die neue Situation:

» ... eine ungeheure Bestätigung, daß es mir gelang, die Kinder zu versorgen, eine große Wohnung zu erhalten, daß man Reisen machen kann. Man fragt niemand, und man muß nicht lange Rechenschaft ablegen, das ist ein tolles Ergebnis ... «

Die Frauen sind über sich selbst erstaunt — wie schnell sie, trotz jahrelanger Entwöhnung, den Umgang mit Behörden und Versicherungen lernen. Sie stellen fest, wie genau sie rechnen können, und lernen, ihre Ansprüche deutlich zu machen.

Als notwendig, wichtig und bestätigend erleben sie diese schwierige Phase nach der Trennung oder Scheidung:

» ... Denn sich minderwertig fühlen hängt auch mit Geld zusammen ... Und eine Frau, die kein Geld verdient — ich kenne keine, die einen guten Selbstwert hat ... «

Sicher sehen nicht alle traditionellen Ehen wie oben beschrieben aus, denn in vielen Familien regelt die Frau alle finanziellen Angelegenheiten. Trotzdem zeigen unsere Interviews, daß Emanzipation und Autonomie in direktem Zusammenhang mit der Möglichkeit, über Geld zu verfügen, stehen. Im Umkehrschluß könnte die These aufgestellt werden, daß ein wesentlicher Teil der Autonomie von

Frauen direkt aus der Herkunft ihres zur Verfügung stehenden Geldes abzulesen sei. Frei nach dem Motto: Sage mir, woher dein Geld kommt und wie du damit umgehst, und ich sage dir, wie selbständig du bist.

Die berufstätige, kinderlose Frau

Sozialdemokratische Frauen halten ihrer Partei zugute, daß — eingestandenerweise gemeinsam mit den Liberalen — während deren Regierungszeit erreicht wurde, daß heute der Anteil der jungen Frauen mit qualifizierten Schulabschlüssen ihrem prozentualen Anteil in den Geburtsjahren entspricht (Däubler-Gmelin u.a. 1985).

Von Feministinnen wird immer wieder betont, daß diese Entwicklung in Richtung Verbesserung der Ausbildung von Frauen eher eine Begleiterscheinung der allgemeinen Bildungsoffensive und weniger ein geplantes Ergebnis der Politik sei.

Sicher ist, daß immer mehr Eltern die Zukunft ihrer Töchter durch eine angemessene Ausbildung sichern wollen:

»... Ich sage meiner Tochter immer: Daß du beruflich unabhängig bist, das ist das, was ich dir mitgeben kann ... «

Fest steht, daß noch nie zuvor so viele Frauen so gut ausgebildet waren und auf eine Berufstätigkeit vorbereitet sind wie heute.

Es muß nicht die erste Anstellung sein — eher eine Gelegenheitsarbeit vorher —, aber fast jede Frau weiß noch, was sie sich von ihrem ersten selbstverdienten Geld gekauft, geleistet hat und mit welchem Hochgefühl sie diese Ausgabe genossen hat:

»... Das war schon ein irrsinnig erhebendes Gefühl, ich meine, wenn man da so 6 000 Schilling oder so verdient, obwohl wir immer unheimlich viel gearbeitet haben dafür, aber das war klasse und gut ... «

Obwohl sich dieses Hochgefühl des Jobbens in der späteren dauerhaften Berufstätigkeit verliert und zu einer, die eigene Existenz sichernden, harten Sache wird, machen den berufstätigen Frauen Erfolg und Geldverdienen so viel Spaß, daß sie diese Erwerbstätigkeit nicht aufgeben wollen. Und auch viele Mütter ermuntern heute ihre

Töchter dazu, ihren Beruf auch nach der Heirat auszuüben und so ihre Selbständigkeit nicht zu verlieren.

Die Erhaltung der Selbständigkeit bekommt immer mehr Gewicht, da sich immer weniger junge Frauen der Illusion von der »heilen Familie« hingeben. Sie wissen, daß heute jede dritte Ehe geschieden wird, und diese Brüchigkeit der Institution Ehe fördert ihren Willen zur Unabhängigkeit.

Daß eine gute Ausbildung und eine erreichte Berufsposition diese Einstellung unterstützen (Greenglass 1986), leuchtet ein, denn interessante Tätigkeiten haben immer mit Kompetenz, Verantwortung, Entscheidungsmöglichkeit und gutem Verdienst zu tun. Und dieses einmal Erreichte geben Frauen trotz Heirat nicht mehr so selbstverständlich auf:

»... Aber was noch ganz wichtig ist für mich, daß ich immer selbst Geld verdient hab', verdienen mußte, muß. Wie ich dann verheiratet war, hat's einmal geheißen, ich soll auf meine Assistentenstelle verzichten, zugunsten meines Mannes, und sie wollten nicht ein Ehepaar am selben Institut anstellen. Und obwohl ich's ihm von Herzen gegönnt hätte, daß er auch diese Stelle kriegt, aber die Vorstellung, abhängig zu sein, war mir zu grauenhaft ...«

Dieses Gefühl der Unabhängigkeit, verbunden mit hohem Interesse am Beruf, kennzeichnet dann die Entscheidung, auf Kinder zu verzichten. Sowohl Verheiratete beziehungsweise in Partnerschaft lebende Frauen als auch allein lebende Frauen fassen einen solchen Entschluß sehr bewußt und unterscheiden sich dadurch in ihrem Lebenskonzept von der ersten Gruppe. Wird eine solche Entscheidung gemeinsam mit einem Partner gefällt, so ist der Hintergrund nicht Kinderfeindlichkeit, sondern die bewußte, gemeinsame Überlegung, daß für Mann und Frau der Beruf sehr wichtig ist und beide ihn ausüben wollen:

»... und da wir eben beide in Wien weder Großeltern noch Tanten oder sonstige Verwandte haben, haben wir überlegt, daß ein Kind von uns als wechselnden Betreuungspersonen wenig hätte, und das war die Entscheidung ...«

Auf Kinder zu verzichten heißt jedoch nicht, der Doppelbelastung zu entgehen, denn jede berufstätige Ehefrau ist auch Hausfrau.

Dies wird bei der Untersuchung von Frauenkarrieren deutlich: Haben 87 Prozent der erfolgreichen und gut verdienenden Männer Kinder, so trifft dies nur auf 39 Prozent der Frauen zu (Bischof 1986).

Wird besonders der »familienfreie Ehemann« Karriere machen, so ist dies ganz anders bei Frauen. Wirklich gute Ausgangschancen hätten sie nur, wenn sie auch noch auf eine feste Partnerschaft verzichteten. Geben 89 Prozent der Karrieremänner an, verheiratet oder in Partnerschaft zu leben, so sind es bei den Frauen nur 58 Prozent. Die selbstversorgende, mobile und nicht von familiären Verpflichtungen behinderte Frau ist es, die den Sprung in die obere Hierarchie — und damit in die oberen Einkommensklassen — macht. Die Einsamkeit dieses Weges ist für Frauen so deutlich, daß sie ihn nur selten als Lebenskonzept wählen — unter unseren Frauen war keine, die sich bewußt für Karriere ohne Partnerschaft und Kinder entschieden hätte.

Der Verzicht auf Kinder ist ein Preis, der schwer wiegt: »Ich weiß, daß ich meinen Entschluß nie bereuen werde. Ich weiß aber auch, daß mir Kinder fehlen.« (Alice Schwarzer in: *Emma* 11/77)

Der Gewinn, den Frauen aus dieser Entscheidung ziehen, ist die Möglichkeit, eine engagierte und durchschnittlich erfolgreiche Berufskarriere zu machen. Der Beruf — bei Partnern nicht selten in einer ähnlichen Sparte angesiedelt — tritt so in den Vordergrund, daß die gesamte persönliche Planung, inklusive Auslandsreisen zu Kongressen und Symposien, mit ihm in enger Verbindung steht. Darüber hinaus sind oft gerade diese Frauen diejenigen, die sich privat für Hoffnungen und Wünsche engagieren, die über das direkte Tagesgeschäft hinausgehen:

» . . . daß ich auch selber versuche zu schreiben — über Sachen, die nicht nur interessant in einem akademischen Sinne sind, sondern eher mit der gegenwärtigen Situation zu tun haben; ich habe in letzter Zeit immer wieder was zur Friedensthematik gearbeitet, ich versuche, meine philosophische Arbeit mit Gegenwartsproblemen in Verbindung zu bringen, und das ist sicher etwas, was für die Zukunft wichtig ist . . . «

Engagement, Selbstbewußtsein und Klarheit gehören dazu, daß sich Frauen bewußt für diesen Weg entscheiden. Zu tief sitzt die Erwartung, Frauen in erster Linie nach ihrer »Weiblichkeit« zu beurteilen. Es ist deshalb keine Überraschung, daß sich nur wenige der von uns interviewten Frauen für dieses Modell entschieden hatten.

Die Selbständige

Ebenfalls selten wird von Frauen das Modell der Selbständigen oder der Freiberuflerin bewußt gewählt. Wir nehmen dieses Modell als einen Lebensentwurf mit auf, obwohl es unabhängig von Kindern und Heirat ist, das heißt, die Entscheidung, selbständig zu sein, kann verheiratet, unverheiratet, mit oder ohne Kinder fallen. Auffallend ist jedoch der Anlaß, der zu dieser Entscheidung führt: Nur wenige Frauen wagen diesen Schritt ohne Zwang, die meisten kommen aufgrund von Arbeitslosigkeit oder Scheidung dazu.

Die von uns interviewten Frauen bestätigen hier empirische Untersuchungen (Beck-Gernsheim 1980), die belegen, daß erfolgreiche Frauenkarrieren geradezu darauf angewiesen sind, daß etwas den normalen Ablauf stört, daß etwas dazwischenkommt. Auch bei ihnen waren es überwiegend äußere Zwänge und eher problematische Ereignisse, die sie dazu zwangen, zur Existenzsicherung unkonventionelle Schritte einzuleiten. Statt Arbeitslosenhilfe zu beziehen, versuchen sie es lieber als Freiberuflerin.

»... Das erste halbe Jahr war eigentlich ziemlich beinhart ... das war, glaub' ich, recht widerlich, bis man dann so langsam merkt, daß es ohnehin läuft ... Es ging, es ging knirschend, aber es ging ... «

Entscheiden sich Frauen, selten genug ohne Zwang, doch zur Selbständigkeit — meist unterstützt durch einen verdienenden Partner, eine Erbschaft oder Mitgift —, verfolgen sie Ziele, die als neue Arbeitsqualität zu definieren sind:

»... Es geht mir um Erhaltung, nicht um das Erreichen irgendwelcher großen Ziele. Es freut mich jeden Tag, wenn ich aufstehe, arbeite ... Wenn sich das auch noch in Geld auszahlen würde ... Soviel wie früher muß ich gar nicht verdienen. Ich strebe keinen Luxus an ... Es geht eben um den Spaß an der Sache und um meine Freiheit ... «

Um dieses Ziel erreichen zu können, erleben Frauen, daß sie einerseits vom Führen eines Geschäftes/Unternehmen keine Ahnung haben, sich aber durch viel Arbeit das notwendige Wissen aneignen können:

»...Ich hab' ja das alles — diese Zettel schreiben und Lieferscheine und all das — nicht gekonnt. Ich bin wirklich kein administrativer Mensch, sondern eher auf der künstlerischen Seite. Also das war eine Schule, die phantastisch war, weil ich das wirklich innerhalb von einem Monat habe können müssen. Und da hab' ich es gekonnt, und dann ist es gegangen . . . «

Und obwohl dieser Erfolg optimistisch macht, erfahren die Frauen nächtliche Alpträume und Ängste:

»...Es war das erste Mal in meinem Leben, daß ich nachts aufwachte und Ängste hatte und dachte, das ist schon komisch: Tagsüber denke ich ganz anders — daß alles so toll ist, daß ich das alles gar nicht mehr allein schaffen werde, da bin ich dann voll Optimismus. Nachts beutelts mich schon mal...«

Man könnte meinen, diese Angst sei normal. Doch für die meisten Frauen ist dies eine Angst, die sie vorher kaum kannten, denn diesen Herausforderungen hatten sie sich bisher in sehr geringem Umfang ausgesetzt. Ihre »erlernte Hilflosigkeit« (vgl. Schenkel 1986), verbunden mit mangelndem Selbstvertrauen, läßt sie davor zurückschrecken, sich in existentielle Risiken zu stürzen. Immer wieder äußern Frauen, daß sie Erfolg eher als etwas Unweibliches erleben und sie sich selbst deshalb keine großen Erfolgschancen einräumen. Erleben sie — dank großen persönlichen Einsatzes — doch einen Erfolg, schieben sie diesen dem Zufall oder den günstigen Umständen zu, nicht aber ihrem Können, ihrer Leistung und ihrer Stärke. Die Folge dieses Denkens sind mangelnder Antrieb, mangelndes Durchhaltevermögen und mangelnde Entschlossenheit. Doch nur entschlossenes Handeln und positives Reagieren auf Herausforderungen, verbunden mit einem Wertesystem, das sie zur Leistung animiert, lassen Frauen aus der Sackgasse der Hilflosigkeit herauskommen.

Wofür gehen Frauen, wenn auch nur zögernd, Risiken ein?

»... Erfolg zu haben, es war eigentlich irrsinnig spannend, auch mehr Geld zu verdienen und auch mehr zu machen. Es war nicht das Geld in dem Sinne, aber natürlich, wenn man einen Auftrag kriegt ohne Geld, interessiert er einen wirklich nur halb . . . «

Prosperität und die damit verbundene Unabhängigkeit sind Voraussetzungen, die Frauen für die Verwirklichung ihrer persönlichen Lebens- und Arbeitsqualität immer mehr anstreben:

» . . . Ich glaube, ich kann mit Menschen nur zusammenarbeiten, wenn ihre finanziellen Bedürfnisse gedeckt sind . . . «

Die Visionen, die Frauen bei Unternehmensgründungen haben, basieren auf der Fähigkeit, Beziehungen zu pflegen und zu gestalten. Daß positive Arbeitsbeziehungen sehr viel damit zu tun haben, daß *alle* gut verdienen, ist für Frauen selbstverständlich und Voraussetzung:

» . . . Ich bin in einer Firma nur glücklich, wenn ich auch ordentlich verdiene. Es ist nicht trennbar, weil ich am Abend nicht mehr an die Firma denken will und am Aschermittwoch meine Scholle essen dürfen muß . . . «

Unternehmensgründungen als Gestaltungsraum für Beziehungen und Raum für die Integration von Arbeit und Familie – vor diesem Hintergrund liegen noch viele Chancen für Frauen:

» . . . Mein Traum ist es, wenn ich einmal Angestellte hab', da will ich nur Frauen mit Kindern, da will ich ein Büro haben, wo gleich daneben eine Krabbelstube ist, wo die Mütter mit den Kindern zusammen einfach hinkommen . . . «

Die Kraft der Idee, der Utopie, die zum Handeln führt und dadurch eine neue Qualität schafft, birgt die Hoffnung, daß sich nicht immer nur die Familie an den Beruf, sondern daß sich die Berufswelt der Familie anpaßt, zum Beispiel durch maßgeschneiderte Arbeitszeitmodelle. Diese Entwicklung kann nur von Frauen vorangetrieben werden, da in erster Linie sie Interesse an einer solchen Veränderung haben. Profitieren würden von einer solchen Veränderung dann jedoch Mann und Frau, denn die Fixierung auf den Beruf engt nicht nur das Leben der Frauen, sondern auch das der Männer ein. Eine Öffnung für andere Interessen und für die Familien bedeutet dann auch für Männer den Einzug von neuen Werten und Maßstäben in ihre Alltagspraxis, was wiederum für die Organisation und Praxis der Berufsarbeit Rückwirkung haben wird. »Die ökonomisch beschränkte Rationalität gerät dann in Konkurrenz zu anderen Arbeitsweisen, die mehr von inhaltlichen Bezügen bestimmt, stärker bedürfnis- und personenbezogen sind.« (Beck-Gernsheim 1980)

Die neue Partnerschaft

Hat die Zukunft wirklich schon begonnen?

»Meine Frau hat es nicht nötig zu arbeiten« war bis vor einigen Jahren noch eine herablassende, jedoch gängige Aussage gutsituierter Männer. Diskriminierend und chauvinistisch war dieser zackige Spruch schon immer: Erstickt er doch schon in der Diktion jeden aufkeimenden Wunsch nach einer Entscheidung der Ehefrau. Denn nicht nur die schiere Existenzsicherung ist die Motivation vieler Frauen, wenn sie auch nach der Heirat einen Beruf ausüben wollen, sondern in erster Linie der dringende Wunsch, auch in der Partnerschaft ökonomisch auf eigenen Beinen zu stehen.

Die Frage nach den Werten in ihrem Leben beantworten heute immer mehr Frauen ähnlich:

» . . . die absolute Unabhängigkeit von anderen Menschen, und sofort hintennach kommt die finanzielle Unabhängigkeit . . . «

Noch klarer wird die Situation, dreht man den Satz um: Durch ihre finanzielle Unabhängigkeit können sich Frauen persönliche Unabhängigkeit leisten:

» . . . Ich möchte in einer Beziehung ökonomisch unabhängig sein, weil man da leichter entscheiden kann . . . «

Die Lebenskonzepte vieler Frauen zielen deshalb auf finanzielle Unabhängigkeit, verbunden mit der Möglichkeit, nicht auf Kinder verzichten zu müssen:

» . . . Das wichtigste für mich ist, daß ich mich selber und vor allem meine Kinder erhalten kann . . . «

Frauen haben gelernt, daß Machtausübung und dadurch mögliche Unterdrückung in direktem Zusammenhang mit Geld stehen, und immer mehr Frauen werden sich über die trügerische Existenzgrundlage der Hausfrauenehe klar. Dies geht sogar so weit, daß nicht selten berufstätige Frauen die Nur-Hausfrauen belächeln, kritisieren, sozial nicht ernst nehmen — kurz: sie abwerten.

Auch in den Augen der von uns interviewten Frauen ist derjenige, der das Geld verdient, der stärkere, was wieder zu einem Ungleichgewicht zwischen den Partnern und in der Folge zu mangelndem Selbstwertgefühl des schwächeren Partners führt. Mangelnde Selbstachtung und ein Selbstbewußtsein, »das man unter dem Teppich suchen kann«, sind die Folge dieses mangelnden Gleichgewichts. Da aber Unterdrückung auf Dauer nur funktioniert, wenn auch die Unterdrückten mitmachen, ist es das Ziel vieler Frauen, in die Balance zu kommen:

»... Ich meine schon, daß Geld, wenn sie es selbst verdienen, Frauen größeres Selbstbewußtsein gibt und auch die Beziehungen zwischen Frauen und Männern humaner gestaltet. Und je unabhängiger die Menschen sind, die aufeinandertreffen, um so humaner kann ihre Beziehung sein ... «

Die Zuweisung der bezahlten Berufsarbeit an den Mann und die Übernahme der unbezahlten Hintergrundarbeit durch die Frau — diese Arbeitsteilung läßt aus dem »kleinen Unterschied« den großen Unterschied werden.

Diesen sehr persönlich formulierten Wünschen steht das soziologische Modell von J.S. Coleman (1986) gegenüber, der den Trend zum Individualismus eher als Gefahr denn als Chance ansieht. Ausgelöst wurde dieser Trend durch die Industriealisierung, als der Produktionsverbund, in dem Produktion, Haushalt und Kindererziehung vereint waren, aufgelöst wurde. Durch die Verlagerung der Arbeit in die Fabrik verlagerte sich auch das soziale Leben zunehmend nach außen. Subkulturen, meist altershomogen, entstanden und verdrängten den altersheterogenen Familienverband. Dieser Abzug des sozialen und psychischen Lebens aus Familie und Nachbarschaft führte nach Coleman zur psychologischen Verödung der Haushalte; er vermutet, daß dies eine wesentliche Ursache für den massiven Zustrom von Frauen zur Lohnarbeit war. Eine von vielen Folgen dieses Prozesses stelle die Verfügbarkeit von Geld in vielen Händen dar, was sehr schnell zu Selbstverwöhnung durch Konsum führe. Dieser durch kommerzielle Werbung gewachsene Konsum, der den Individualismus stärkt, zieht gleichzeitig die Aufmerksamkeit und das Interesse von der Gemeinschaft, dem gesellschaftlichen Kontext ab. Nicht Humanisierung der Beziehung durch Verfügbarkeit von Geld, sondern Gleichgültigkeit gegenüber dem anderen, ausgelöst durch Konsum, ist die Folge (siehe Kap. 3).

Daß diese Gefahr der Vereinzelung, der mangelnden gegenseitigen Verantwortlichkeit besteht, ist nicht zu bestreiten und muß Frauen — bezüglich ihrer Lebensentwürfe und -konzepte — um so nachdenklicher werden lassen. Denn dies heißt, daß nicht nur die Doppelbelastung als Hausfrau/Mutter und Berufstätige zu bewältigen wäre, sondern daß sich finanzielle Unabhängigkeit und Selbständigkeit als neue Falle in der Entwicklung des sozialen Gefüges herausstellten.

Viele Frauen sind sich dieser Gefahr eher gefühlsmäßig als theoretisch fundiert bewußt, weshalb sie für Arbeit, Haushaltsführung und Kindererziehung neue Lebensformen mit gemeinsamer Verantwortung der Partner anstreben.

Da die übliche Erwerbstätigkeit wenig Spielraum läßt, sehen vor allem junge Frauen eine Zukunft als Durchschnittsverdienerin ohne Ambitionen auf große Karrieren:

»... Wenn etwas Geld übrig bleibt in der Woche, wird es ziemlich genau halbiert, und je nach dem, wer halt weniger auf dem Konto hat, dem wird es draufgezahlt ... «

So können sie sich, unterstützt durch Partner oder Haushaltsgehilfin, ihre finanzielle Unabhängigkeit erhalten, ohne sich als ganze Person vom Beruf vereinnahmen zu lassen. Die Distanz gegenüber einer fragwürdigen Karriere ermöglicht ihnen den Freiraum zur Gestaltung von Beziehungen und Interessen.

Doch so bestrickend dieses Konzept im ersten Moment erscheint, alte Rollenklischees werden auch von den von uns interviewten Frauen weiter tradiert:

»... denn für ihn ist klar, daß ich jetzt das Geld, das ich verdiene, ganz logisch mit ihm teile, und wenn er dann einmal Geld verdient, und das wird höchstwahrscheinlich dann mehr sein oder hoffentlich mehr sein, daß das dann genauso geteilt wird ... «

Die lebenstüchtige junge Frau, die während des gemeinsamen Studiums durch Eigeninitiative für die finanzielle Bequemlichkeit sorgt, geht genauso selbstverständlich davon aus, daß ihr Mann dereinst mehr als sie verdienen wird und im Hinblick auf die Zukunft nunmehr entlastet werden muß. Der Unterschied zur traditionellen

Ehe liegt allerdings darin, daß Frauen sich ihre Berufstätigkeit nicht mehr ohne weiteres abhandeln lassen, sondern die Lehre ihrer Mütter und Großmütter beherzigen und ihr eigenes Geld verdienen wollen, auch wenn sie Kinder haben. Aber wiederum liegt die Verantwortung für die Organisation und Durchführbarkeit bei der Frau.

Verbrämt könnte man sagen, daß neue Lebensformen gesucht werden – bei genauerem Hinsehen entpuppt es sich als der alte Versuch, Beruf und Kinder unter einen Hut zu bringen. Der Unterschied zu früher ist sicherlich die schiere Unmöglichkeit, daß ein progressiver Mann sich diesen Anprüchen widersetzen könnte. Um so mehr kann von den Frauen gefordert werden, mit ihren Männern die Diskussion darüber zu suchen, daß nicht die Familie sich ständig dem Beruf anpassen muß, sondern daß gemeinsam nach Formen zur Sicherung der finanziellen Unabhängigkeit gesucht werden muß, ohne die Familie auszuklammern oder die alleinige Verantwortung dafür den Frauen zu geben.

Zusätzlich ist ein Umdenken in der Einstellung zu Geld erforderlich. Ein Mehr an industriellem Wachstum und ein Mehr an industriellem Geldkonsum gehen immer zu Lasten anderer Menschen, auch wenn diese weit weg scheinen. Wir können uns heute diesem Wissen nicht mehr entziehen und so tun, als wäre schlicht der der größte, der am meisten Geld »macht«. Es ist vielmehr zu fragen: Wer bezahlt letztlich und womit diesen hohen Verdienst?

Vernetzt und ganzheitlich zu denken und sich danach zu verhalten hieße deshalb, auch im Umgang mit Geld (ähnlich wie in der Energiedebatte) die Balance zu finden zwischen dem kindlichen Wunsch, sich »alles« leisten zu können, und der Beschränkung auf das Notwendigste und Sinnmachende.

Fünftes Kapitel

Die Symbolik des Geldes

Es begab sich aber, daß der König ein Fest veranstaltete, das drei Tage dauern sollte, und zu dem alle schönen Jungfrauen im Lande eingeladen wurden, damit sich sein Sohn eine Braut aussuchen möchte. Die zwei Stiefschwestern, als sie hörten, daß sie auch dabei erscheinen sollten, waren guter Dinge, riefen Aschenputtel und sprachen: »Kämme uns die Haare, bürste uns die Schuhe und mache uns die Schnallen fest, wir gehen zum Ball auf des Königs Schloß.« Aschenputtel gehorchte, weinte aber, weil es auch gern zum Tanz mitgegangen wäre, und bat die Stiefmutter, sie möchte es ihm erlauben. »Du, Aschenputtel«, sprach sie, »bist voll Staub und Schmutz und willst zum Fest? Du hast keine Kleider und Schuhe und willst tanzen?«

Die Symbolik zwischen Sehnsucht und Angst

Viele Frauen versicherten, daß Geld an sich für sie »nicht wirklich wichtig« sei. Aber über Geld werden viele existentiell wichtige Themen abgehandelt. Die Tiefeninterviews verdeutlichten, daß Geld Macht, Potenz, Liebe, Lebensfreude und Sicherheit symbolisiert.

Symbole nennen wir Ausdrücke, Begriffe oder Bilder, die uns im täglichen Leben vertraut sind, die aber — zusätzlich zu ihrem konventionellen Sinn — noch eine besondere Nebenbedeutung haben. Sie enthalten etwas Unbestimmtes, Unbekanntes, Unsichtbares (vgl. C.G. Jung 1981). Symbole machen das Unbegreifliche begreifbar, das Unanschauliche anschaulich. Das griechische Wort »symballein« bedeutet zusammenwerfen, zusammenfügen. Symbole sind Spiegel, die das Tiefliegende abbilden. Sie machen den tieferen Sinn von Phänomenen, Prozessen und Zusamenhängen besprechbar. Die scheinbaren Widersprüche des Lebens werden »zusammengefügt«.

Wir haben versucht, den Symbolgehalt des Themas Geld aus den Gesprächstexten zu analysieren, um über diese symbolischen Zusammenhänge die Spiegelung der Beziehung zwischen den Emotionen, Erfahrungen und Gedanken bei den interviewten Frauen zu erfassen. In diesem Sinne sagt Geld etwas über Geschichte, soziale Realität, Machtgefüge, kollektiv Unbewußtes, über Konstruktionen der Wirklichkeit, über Werte und Persönlichkeitsstrukturen aus. In den Symbolen stecken die relevanten Wahrnehmungsmuster von Individuen, Gruppen und der Gesellschaft. Über die immer wiederkehrenden Symbole des Geldes kamen die widersprüchlichen Dimensionen, die Ängste und Tabus, aber auch die Sehnsüchte und Bedürfnisse, die Geld auslöst, zutage.

Welcher Pol und welche Symboldimension wichtiger ist, hängt mit unserer Interpretation, mit den bewußten und unbewußten individuellen Lebenskonzepten zusammen. Das bedeutet, daß die Grundthemen, die als persönliche Wahrnehmungsmuster immer wiederkehren, sich auch in der Beziehung zu Geld niederschlagen.

Es zeigt sich, daß wir auf die Fragen »Wovor haben Sie in Notsituationen am meisten Angst?« und »Was würden Sie sich am meisten wünschen, wenn Sie sehr viel Geld hätten?« Antworten bekamen, die zwei Seiten einer Münze beschreiben: Am innigsten wünscht man sich das, womit der schmerzlichste Mangel behoben werden könnte, wovor man aber auch die größte Angst hat. Hier wird eine starke Ambivalenz deutlich.

Die folgenden Gegensatzpaare sollen zeigen, mit welchen Sehnsüchten und Ängsten Geld verbunden wird:

Sehnsucht nach weiblicher Lebensqualität	*und*	Angst vor der männlichen Welt des Geldes
Sehnsucht nach sozialer Bedeutung	*und*	Angst vor sozialer Bedeutungslosigkeit
Sehnsucht nach Sinn, Lebensfreude und Selbstverwirklichung	*und*	Angst vor Genuß und zuviel Geld

Sehnsucht nach Liebe und Anerkennung	*und*	Angst vor Liebesverlust und Ablehnung
Sehnsucht nach Sicherheit und Unabhängigkeit	*und*	Angst vor Unsicherheit und Abhängigkeit

Sehnsucht nach weiblicher Lebensqualität
und
Angst vor der männlichen Welt des Geldes

Die meisten Frauen äußern Gefühle der Überforderung, wenn sie an die Welt der Geldtransaktionen, der Inflation, der Anlagengeschäfte, Kapitalkonzentrationen, Kredite und Schulden denken.

»... Die Zusammenhänge werde ich nie verstehen...«

»... Das habe ich erst nach meiner Scheidung gelernt, mit 47 Jahren, vorher war das tabu. Es war eine Welt, die ich gar nicht kannte ... «

Die Befragten verbinden mit der Geldwelt eine Komplexität, die nicht mehr verständlich und durchschaubar ist, die zwar Hochachtung, aber auch Ohnmachtsgefühle hervorruft — eine Welt, auf die man keinen Einfluß hat, in der man sich fremd fühlt.

Geld ist das Abstrakteste, Unpersönlichste, was es gibt. Es hinterläßt keine Spuren, ist anonym, es haftet nichts Persönliches daran. In Geld spiegelt sich der Verobjektivierungs- und Entpersönlichungsprozeß als kulturelle Leistung der Männer wider (vgl. Simmel 1989). Das Geld beruht auf einer Abstraktion — von den konkreten persönlichen Gebrauchswerten zu einem überpersönlichen Tauschwert. Im Geld kommt das messende, wägende, männliche, rechnerische, exakte Wirtschaftsleben der Neuzeit zutage.

Um sich in der Welt des Geldes bewegen zu können, braucht man ganz bestimmte Fähigkeiten. Schon Simmel betont in seiner Schrift *Philosophie des Geldes,* wie sehr das Funktionieren eines gesunden Geldwesens vom Vertrauen aller Partner im Zahlungsverkehr in den Geldwert und von der inneren Bejahung und dem Verstehen aller Institutionen abhängt, die dem Zahlungsverkehr dienen. Dazu gehören nicht nur Intelligenz und geistige Beweglichkeit, sondern auch ein hochentwickeltes Abstraktionsvermögen, das Kontostand und

Scheckbuch als ein der gefüllten Brieftasche gleichwertiges Besitzerlebnis zu registrieren bereit ist. Marx spricht von der Logik als dem »Geld des Geistes« und betont damit auch den Zusammenhang von Logik und Geld.

Das Auseinanderfallen von Öffentlichkeit – als Welt des Geldes – und Privatbereich ergab sich erst durch die Ausdifferenzierung beziehungsweise Arbeitsteilung in der industriellen Gesellschaft. Die funktionale Differenzierung begründet das Vorteils- und Nützlichkeitsdenken, das Mittel-Zweck-Denken im öffentlichen Bereich. Im Privatbereich, der Domäne der Frau, herrscht eine andere »Psycho-Logik«: Hier geht es um menschliche Bedürfnisse, um Gefühle, Liebeserwartung, Subjektivität.

Weibliche Denkstrukturen und Werte finden ihre Entsprechung in den oft genannten »postmateriellen Werten« (vgl. Inglehart 1989). Lebensqualität – das heißt Verschönerung der Umwelt, eine freundlichere Gesellschaft, mehr Möglichkeiten zur Selbstverwirklichung, Sicherheit und mehr persönliche Kommunikation – wird immer wichtiger als materielle Bedürfnisse.

Frauen formulieren diese Werte in vielen Gesprächen und verbinden so mit dem Thema Geld ihre Sehnsüchte nach einem erfüllten, sinnvollen Leben, nach der Aufhebung der Trennung zwischen »männlicher« und »weiblicher« Welt.

Person und Besitz waren früher enger verknüpft, bis die Geldwirtschaft sie trennte. So bewirkt Geld gleichzeitig Unpersönlichkeit des Tuns und Selbständigkeit der Person. Mit Geld kann man den Wert eines Objekts in jede beliebige Form gießen, während es vorher in eine bestimmte Form gebannt war.

» . . . Mit Geld bleibt mir die Wahlmöglichkeit, was ich damit erstehen will, offen. Mit Tauschgegenständen bin ich gebundener . . . «

Da Frauen ganzheitlicher denken und fühlen als Männer (vgl. Garodie, 1982) und eher konkrete Personen und Objekte emotional besetzen, äußern viele Gesprächspartnerinnen Desinteresse oder Ablehnung gegenüber Zahlen und Geld an sich, wenn es nicht mit konkretem Gebrauch, mit konkreten Lebensbedürfnissen verbunden ist:

»Ich habe Probleme, mir unter Geld etwas vorzustellen. Im Textilhandel geht es um Stoffballen. Die kann ich angreifen. Geld ist so abstrakt.«

Der konkrete Bezug wird dem abstrakten Geld vorgezogen. Eine Unternehmerstochter zum Beispiel zog sich aus der Fabrik ihres Vaters zurück und machte ein Antiquitätengeschäft auf. Auch hier spielten ähnliche Motive eine Rolle:

> »... Im Vergleich zu meiner jetzigen Tätigkeit war mir das zu unpersönlich. Für mich ist der persönliche Kontakt zentral ... «

Hinter Geld werden immer wieder Unpersönliches, Distanz, Emotionslosigkeit, Beziehungslosigkeit und Kälte gesehen. Erfolgreiche Geschäftsleute werden oft als *kalt* und *berechnend* beurteilt.

Bei vielen Frauen schwingt beim Thema Geld immer wieder mit, »daß da etwas nicht stimmt«. Eine Wirtschaftsstudentin formuliert:

> »... Ich denke mir oft, es ist eigentlich unheimlich seltsam, daß es überhaupt Geld gibt und daß das das Leben schon wahnsinnig bestimmt. Unbewußt schwingt das immer mit ... «

Geld hat den Vorteil, persönliche Verpflichtungsverhältnisse zu lösen, es isoliert soziale Beziehungen aus anderen Lebenszusammenhängen und schafft so eine Kultur, in der das Persönliche, das Individuelle, das Besondere des einzelnen ausgeklammert bleibt. Das macht zwar einerseits freier, aber »es wird auch kälter«. In diesem Sinn kann man auch von der »Herzlosigkeit des Geldes« sprechen. Was in einer männlich geprägten Industriegesellschaft durchaus als Fortschritt gilt, wird von den Frauen der Tendenz nach eher als fremd und unheimlich erlebt.

Geld schafft zwar erhöhte Komplexität und steigert die individuelle Freiheit, gleichzeitig erzeugt es aber neue Formen der Abhängigkeit und der Verobjektivierung. Es erzwingt neue, abstrakte Beziehungsformen.

Gerade in der Welt des Geldes muß man sich auf das Funktionieren von komplexen Organisationen und Ordnungssystemen — wie Staat, Regierung, Banken usw. — verlassen, ohne die Zusammenhänge wirklich verstehen und ohne in die Abläufe wirklich eingreifen zu können. Persönliches Vertrauen wird durch unpersönliches ersetzt. Was nicht mehr sinnlich »begriffen« werden kann, macht Angst. Frauen versuchen, diese Entpersönlichungstendenz wieder durch Personen aufzufangen, denen sie die eigene finanzielle Situation anvertrauen können. Daher betonen Frauen auch immer wieder, daß sie sich an eine Vertrauensperson wenden, wenn sie finanzielle Ratschläge benötigen.

Daß den Münzen das Bildnis des Herrschers oder das Wappen und Hoheitszeichen der staatlichen Obrigkeit aufgeprägt zu werden pflegt, ist ein Hinweis auf die Rolle, die der Person der Staatsautorität im Geldwesen zukommt. Solche Symbole sollen das Vertrauen zu den Autoritäten gewissermaßen persönlich gewährleisten. Verträge werden nicht mehr wie früher mit Handschlag geschlossen, sondern oft kennt man den Vertragspartner gar nicht. Man kommuniziert über Papiere, Schecks, Konten, Aktien oder über Vermittler und Übersetzer, zum Beispiel Anwälte, Steuerberater usw. Je weniger man die Spielregeln des Systems kennt – beziehungsweise je geringer das Vertrauen in diese Mechanismen ist – und je niedriger man die eigenen Fähigkeiten, damit umgehen zu können, einschätzt, desto größer ist die Angst vor Geldgeschäften.

Da Geld die harte Geschäftswelt repräsentiert, könnte man die weibliche Einstellung zu Geld auch mit der Sehnsucht nach Nicht-erwachsen-sein-Müssen interpretieren und mit kindlicher Bedürfnisorientierung gleichsetzen, was auch vielfach geschieht. Was ein Kind braucht, bekommt es von den Eltern. Auch wenn das Kind Geld bekommt, zum Beispiel für Eis, bekommt es eigentlich nicht Geld, sondern das Eis. Kinder brauchen kein Geld, weil sie normalerweise versorgt und geborgen sind und noch keine Verantwortung haben. Sich kindlich naiv auf andere zu verlassen gestattet ein Gefühl von Geborgenheit und Entlastung. Es ermöglicht, so zu tun, als gäbe es die Welt des Geldes gar nicht, als gäbe es nur Menschen mit erfüllbaren Bedürfnissen.

»... Ich genieße es, kein Geld mitzuhaben, wenn ich mit meinem Mann unterwegs bin. Da brauche ich mit Geld nichts zu tun zu haben und habe doch alles, was ich brauche ...«

Die Ambivalenz der Frauen besteht darin, daß sie einerseits an der Aufrechterhaltung der Struktur ihren Anteil haben, daß sie aber andererseits die Welt des Geldes und die damit verbundenen Mechanismen direkt oder indirekt kritisieren:

»... Das Habenwollen, das Raffen, das Kontrollieren lehne ich ab ...«

Die mythische Figur des phrygischen Königs Midas, der von Dionysos die Gabe erbittet, alles Berührte in Gold verwandeln zu können, zeigt die zwei Seiten des Geldes: Indem alles, was er berührt, zu Gold wird, erfüllt sich zwar die magische Sehnsucht nach Reichtum, aber der Preis, den er dafür zahlen muß, ist Einsamkeit, Beziehungslosigkeit und Tod. Denn auch die Speisen und die geliebten Menschen, die er berührt, werden zu totem Gold.

Frauen betonen immer wieder, daß Geld nicht glücklich mache. Das dürfte mehr ausdrücken als nur die Abwertung von etwas, was man doch nicht haben kann. Geld symbolisiert die Zivilisation schlechthin, die nach männlichen Normen geordnet ist. Frauen spüren das, können es aber kaum formulieren:

»... Ich weiß, es ist naiv, aber eine Welt ohne Geld, das wäre schön ... «

Sehnsucht nach sozialer Bedeutung
und
Angst vor sozialer Bedeutungslosigkeit

Auf die Frage, was es bedeuten würde, »sehr wenig Geld« zu haben, stand die Angst vor Abwertung im Zentrum:

»... Ohne Geld ist man heutzutage ein Niemand ... «

Soziale Anerkennung, Einflußmöglichkeiten und Prestige werden maßgeblich über den Besitz von Geld und Eigentum verteilt:

»... Geld regiert die Welt ... «

Wieviel Geld man verdient — über wieviel Kaufkraft man verfügt — symbolisiert soziale Potenz. In Geld erscheint der Wert eines Menschen quantifiziert und ermöglicht einen Wertvergleich mit anderen Menschen. Unterschiede in der Verfügungsgewalt über Geld schaffen soziale Distanzen. Da Frauen grundsätzlich in Positionen sind, in denen sie über weniger Geld verfügen, trifft diese soziale Realität Frauen besonders hart.

Geschiedene Frauen berichten, daß mit dem Verlust des meist höheren sozialen Status des Mannes auch noch die Tatsache, über weniger Geld zu verfügen, verbunden ist. Immer noch beziehen Frauen ihre gesellschaftliche Stellung über den Mann beziehungsweise über sein Geld (siehe Kap. 1).

Grundsätzlich ist der Zusammenhang von sozialem Rang und Einkommen auch durch die überkommenen Gehaltsschemata geregelt (siehe Kap. 3). Untergebene sollen weniger verdienen als ihre Vorgesetzten. Kriterien sind oft nur die Unter- beziehungsweise Überordnung und nicht die Fähigkeiten, die soziale Verantwortung oder andere Leistungsmaßstäbe. Dieser Zusammenhang dürfte auch ein Hauptgrund für die grundsätzlich schlechtere Bezahlung von Frauen sein.

» . . . Wer das Geld hat, hat das Sagen . . . «

Die Doppelbedeutung des Wortes »Vermögen« verweist auf diesen Zusammenhang. Geld und Geltung, etwas gelten, haben dieselbe Sprachwurzel. Wie wichtig Geld ist, zeigt sich auch in der Fülle von Worten und Namen, die in der Umgangssprache für den Begriff Geld verwendet werden: Mäuse, Piepen, Zaster, Kröten, Cash, Pinke-Pinke, Flocken, Marie, Kohlen, Moneten, Moos, Penunzen etc.

Armut bedeutet in unserer Gesellschaft, an den Rand gedrängt zu werden, ausgestoßen zu sein. »Man wird zu einem Sozialfall«, dem fast alle Rechte abgesprochen werden.

Arbeitslosigkeit — das heißt das Wegfallen von selbstverdientem Geld — wird in der westlichen Industriegesellschaft auch deshalb als so bedrohlich erlebt, weil Arbeitslose den Mythos der immerwährenden Prosperität relativieren und sich so die politische Hilflosigkeit offenbart (siehe Kap. 1).

In unserer Kultur werden Realitätssinn und wirtschaftliche Potenz gleichgesetzt. Menschen werden daran gemessen, wieviel sie verdienen. Kein Geld zu haben bedeutet, offensichtlich auch keine Leistung anbieten zu können, die so gut wie Geld ist. Daher ist Arbeitslosigkeit meist viel schwerer auszuhalten als Krankheit oder andere Schicksalsschläge.

Die Angst der Reichen vor den Armen beschreibt Bataille sehr plastisch:

»Das Grauen, das die Reichen vor den Arbeitern empfinden, die Panik, die Kleinbürger bei der Vorstellung ergreift, in die Lage der Arbeiter zu geraten, beruht darauf, daß die Armen stärker als sie selbst unter der Peitsche des Todes stehen. Bisweilen mehr als der Tod selbst, sind diese trüben Spuren des Schmutzes, der Ohnmacht, des Verderbens, die auf ihn zugleiten, Gegenstände unserer Abscheu.« (Bataille, zit. nach Michelet 1974)

Hat man wenig Geld, so wird das Schicksal deutlich, das einem widerfährt, wenn man durch Armut einen sozialen Tod erleidet.

Ulrich Beck vertritt zwar in seinem Buch *Risikogesellschaft (1986)* die These, daß sich in Zukunft die wirklichen Unterschiede zwischen Privilegierten und Nichtprivilegierten nicht mehr nur in Armut und/ oder Reichtum manifestieren werden, sondern im Ausmaß des Betroffenseins bei möglichen Katastrophen. Wir meinen dennoch, daß es gegenwärtig immer noch die zentrale Differenz ausmacht, mehr oder weniger Geld zu haben.

Poetischer wird die Vergottung des Geldes vom Südsee-Häuptling Tuiavii beschrieben:

»... Denn das runde Metall und das schwere Papier, das sie Geld nennen, das ist die wahre Gottheit der Weißen. Sprich einem Europäer vom Gott der Liebe — er verzieht sein Gesicht und lächelt. Lächelt über die Einfalt des Denkens. Reich ihm aber ein blankes, rundes Stück Metall oder ein großes, schweres Papier — alsogleich leuchten seine Augen, und viel Speichel tritt auf seine Lippen. Geld ist seine Liebe, Geld ist seine Gottheit ... Es gibt viele, die haben ihre Freude hingegeben um Geld, ihr Lachen, ihre Ehre, ihr Gewissen, ihr Glück, ja Weib und Kind. Fast alle geben ihre Gesundheit dafür hin ... Du mußt zahlen, das heißt Geld hingeben, für den Boden, auf dem du wandelst, für den Platz, auf dem deine Hütte steht, für deine Matte zur Nacht, für das Licht, das deine Hütte erhellt ... Willst du dort hingehen, wo die Menschen Freude haben, wo sie singen oder tanzen, oder willst du deinen Bruder um Rat fragen — du mußt viel rundes Metall und schweres Papier hingeben. Du mußt zahlen für alles ... Dabei herrscht nun eine große Ungerechtigkeit, über die der Papalagi nicht nachdenkt, nicht denken will, weil er seine Ungerechtigkeit dann einsehen müßte. Nicht alle, welche viel Geld haben, arbeiten auch viel. (Ja, alle möchten viel Geld haben, ohne zu arbeiten.) Und das kommt so: Wenn ein Weißer soviel Geld verdient, daß er sein Essen hat, seine Hütte und Matte und darüber hinaus noch etwas mehr, läßt er sofort für das Geld, was er mehr hat, seinen Bruder arbeiten. Für sich. Er gibt ihm zunächst die Arbeit, welche seine eigenen Hände schmutzig und hart gemacht hat. Ist er ein Weib, so nimmt es sich ein Mädchen als seine Arbeiterin . . . Dann sagen die Menschen: er ist reich. Sie beneiden ihn und geben ihm viele Schmeicheleien und klingende Wohlreden. Denn das Gewicht eines Mannes in der weißen Welt ist nicht sein Adel oder sein Mut oder der Glanz der Sinne, sondern die Menge seines Geldes, wieviel er davon an jedem Tage machen kann, wieviel er in seiner dicken eisernen Truhe, die kein Erdbeben zerstören kann, veschlossen hält . . . « (*Der Papalagi* 1981)

Ohne Geld ist man eine Unperson, die weggeschoben oder höchstens bemitleidet wird. Bezeichnenderweise war bei den Gesprächspartnerinnen die Vorstellung, im fortgeschrittenen Alter kein Geld zu haben, noch erschreckender als die, in jüngeren Jahren nur über knappe Mittel zu verfügen, weil in der Jugend Geldmangel mit anderen Fähigkeiten und Leistungen, zum Beispiel Schönheit, kompensiert beziehungsweise in Geld umgesetzt werden kann. Frauen schildern, daß sie nachts aufwachten, weil sie Existenzängste hatten, daß sie sich nicht mehr als vollwertig fühlten, in allen Dimensionen zurückstecken müßten. Was allerdings als Armut oder Luxus definiert wird, ist sehr subjektiv.

In unserer Gesellschaft muß man zwar keine Angst davor haben, zu verhungern, aber davor, sozial impotent zu sein — ohne ausreichendes Geld bleiben viele Tore verschlossen. Hier einige mögliche Folgen:

- Ausschluß aus der Konsumgesellschaft — » . . . Ohne Geld keine Musi' . . . «,
- Ausschluß aus der Leistungsgesellschaft — » . . . Wer kein Geld hat, ist ein Versager . . . «,
- Ausschluß aus der Gesellschaft der Einflußreichen — » . . . Mit Geld kann man sich fast alles kaufen . . . «,
- Ausschluß von Positionen — » . . . Wer sich nichts leisten kann, kann sich nichts leisten . . . «,
- Ausschluß aus Beziehungen — » . . . Arme Leute sind eine Belastung, sie machen einem ein schlechtes Gewissen . . . «.

Zu den besonders belastenden Lebensereignissen gehört es, plötzlich weniger Geld zu haben als früher. Diese Veränderung bedeutet einen massiven Einschnitt für das Selbstverständnis des Betroffenen und löst fast immer eine Lebens- beziehungsweise Identitätskrise aus.

Die Vorstellung, wenig Geld zu haben, löst die Phantasie aus, »sozial tot« zu sein. Man spricht auch vom finanziellen »Verbluten«, was auch in diesem Bild sterben bedeutet. Geldmangel bringt nicht nur die Notwendigkeit permanenter Verzichte mit sich, sondern verunmöglicht auch längere Ausbildungswege, und damit reduziert sich nochmals die Chance auf prestigeträchtige Positionen (siehe Kap. 2,3 und 4). Meist wird man dadurch noch weniger attraktiv für andere, und der Horrorzirkel ist perfekt.

Derselbe Verstärkungsmechanismus ist umgekehrt auch zu verfolgen. Wer ökonomisches Kapital hat, hat auch eher Zugänge zu Bildung und wichtigen Beziehungen. Der gesellschaftlichen Wirtschaftslogik nach »werden die Reichen immer reicher, die Armen immer ärmer«. Auch der Volksmund spricht von dieser Eigendynamik: »Wo Tauben sind, fliegen Tauben zu« und »Wo es naß wird, regnet es hin«.

Offensichtlich aber steigert ein voller Geldbeutel die männliche Potenz. Wer Geld hat, kann dafür Objekte und Leistungen eintauschen und ist damit in der Lage, die Bedürfnisse anderer zu befriedigen beziehungsweise ökonomische und damit auch psychische Abhängigkeit zu erzeugen — er kann dadurch Macht ausüben.

Während es für Männer fraglos wichtig ist, viel Geld zu haben, um eine bestimmte soziale Position und Anerkennung zu genießen, stellt der Wunsch, viel Geld zu haben, für Frauen meistens ein Tabu dar. Frauen, die Geld haben, wirken »unweiblich«, »anrüchig« und »verdächtig«, analysiert ein Barmädchen. Der Vorwurf, »geldgierig« zu sein, trifft Frauen mehr als Männer. Frauen haben — geschichtlich betrachtet — andere Formen entwickelt, soziale Potenz zu erlangen.

Es gibt zwar auch unter den Frauen die begehrte »gute Partie«, aber Geld ist nicht die eigentliche Potenz der Frau. Das hauptsächliche Kapital der Frau ist ihr Körper, ihre Attraktivität, ihre erotische Anziehung. Diese Attribute machen ihren Wert aus, machen sie potent, einflußreich und eröffnen ihr individuell Zugang zu Geld. Der Wert des Mannes wird über seinen beruflichen Erfolg beurteilt, seine Moralität wird an seinem Mut, seiner Tüchtigkeit und daran gemessen, wie er Geschäfte abwickelt. Sein Verderben sind seine Schulden, sein

Bankrott. Seine Ehrlosigkeit bezieht sich auf Geld und Gut. »Moral«, so sagt Heine, »ist Zahlungsfähigkeit.« Bei Männern muß Natur überwunden werden im Namen der Pflicht, Arbeit und Disziplin. Man duscht kalt. Der Wille herrscht über Spannung und Wildheit. »Das Tier gehört in den Käfig«, formuliert Frigga Haug. »Bei den Frauen wird es zur Blume. Die Einigkeit der Frauen mit der Natur ist die von Edelrosen, bei denen jederzeit die Gefahr besteht, daß wilde Schößlinge aus ihnen keimen. Männer sind keine Rosen, sondern Gärtner. Von Frauen wird erwartet, daß sie gepflegte Natur sind.« (Haug 1983)

Diese Symbolik schlägt sich auch im Umgang mit Geld nieder. Frauen geben meist relativ viel Geld für Kosmetik, Mode und andere Dinge aus, die körperbezogen sind, die Schönheit und Jugendlichkeit bringen sollen.

»... Ich habe einen Kleiderfimmel. Die meisten Fetzen hängen aber nur im Kasten ... «

Die meisten Frauen — vor allem der Mittelschicht — kaufen sich mehr Kleider und Kosmetikprodukte, als sie tatsächlich brauchen. Sie kaufen sich damit nicht Schutz vor der Witterung oder Gesundheit, sondern sie wollen damit in erster Linie Attraktivität und Sozialpotenz erwerben:

»... Wenn ich neue Sachen anhabe, fühle ich mich einfach selbst schöner, und das macht mich sicherer ... «

Ein wesentliches Stück Selbstbewußtsein beziehen Frauen über ihren Körper, ihr Aussehen. Schöne, junge Frauen werden bewundert, man sieht sie an der Seite mächtiger Männer. In »höheren Kreisen« kommt die Attraktivität der Frau, zum Beispiel in der Rolle der charmanten, eleganten Gastgeberin, wiederum dem Manne zugute, bedeutet einen Beitrag zu seinem Erfolg.

Daß Attraktivität Frauen sozialen Aufstieg und Erfolg ermöglicht, findet in der Werbung, der Literatur und im Märchen seinen Ausdruck (siehe Kap. 6), was wiederum vice versa die Frauen beeinflußt.

Durch Attraktivität kommen Frauen indirekt zu Geld und Einfluß, haben gute Chancen auf dem Heiratsmarkt und im Alltag. Eine junge Frau aus einer Unternehmerfamilie kann die Macht und den Einfluß der Mutter über den Vater nur mit deren Attraktivität erklären:

» . . . Die Mutter war, glaube ich, sehr sexy, obwohl ich das nicht weiß, aber sie muß es eigentlich gewesen sein, weil sie von der Firma überhaupt nichts verstanden hat, aber total das Regiment geführt hat, und der Vater hat sich untergeordnet . . . «

Wenn Frauen auf Männer Einfluß haben, wird dies in erster Linie mit ihrer körperlichen Anziehungskraft und ihrem Aussehen in Verbindung gebracht.

Junge, attraktive Frauen werden zum Beispiel im Straßenverkehr zumeist zuvorkommend behandelt, sie genießen bei Prüfungen das Entgegenkommen des Prüfers. Ihr Aussehen eröffnet ihnen Zugang zu wichtigen Beziehungen. (Es kann allerdings auch das genaue Gegenteil bewirken, wenn dadurch bewußte oder unbewußte Frustrationen, Verklemmtheiten, Komplexe und Hemmungen mobilisiert werden und zum Tragen kommen.)

Offensichtlich gehören bei Frauen die Eigenschaften Schönheit und Jugendlichkeit zusammen. Ältere Frauen werden als häßlich empfunden. Schopenhauers extremer Ausspruch »Ein altes, nicht mehr menstruierendes Weib erregt unseren Abscheu«, macht diesen Zusammenhang deutlich.

Nach Coleman (1986) leben wir in einer »asymmetrischen Gesellschaft«, die besonders viele Chancen für junge, dynamische, gesunde Männer bietet und in der Alter und Krankheit für alle Mitglieder Unsicherheiten schaffen; dadurch bedeutet das Älterwerden für Frauen eine zusätzliche Belastung. Durch die Aufspaltung im Zivilisationsprozeß wurde Körperlichkeit den Frauen zugesprochen, den Männern der Geist (vgl. Braun, 1989; s. auch S. 129 ff.). Wenn nun auch dieses Kapital von Attraktivität schwindet, bleibt Frauen oft nichts anderes übrig, als ihr soziales Abseits individuell zu verarbeiten.

Aus unseren Gesprächen läßt sich ableiten, daß Frauen aber auch zum Sich-attraktiv-Machen eine ambivalente Einstellung haben: Einerseits macht es ihnen selbst Spaß, für ihren Körper Geld auszugeben (beziehungsweise indirekt durch ihn auch zu verdienen), andererseits haben sie dabei ein schlechtes Gewissen, weil diese Ausgaben im Widerspruch zu ihrem Selbstwertgefühl stehen. Die selbstverinnerlichte Norm, einem Schönheitsideal zu entsprechen, verstärkt wieder die Gegentendenz. Frauen neigen auch dazu, Schuldgefühle zu entwickeln, wenn ihr Körper zu dick, ihre Haut zu alt, ihre Beine zu kurz, ihr Busen zu klein oder zu groß, ihre Haare zu wenig gepflegt sind, sie also dem aktuellen modischen Schönheitsideal nicht entsprechen. Mit Kleidern, Farben, Mustern, Frisuren oder Kuren versuchen sie, Abweichungen auszugleichen. Sie lassen sich ihr spezifisches Potential viel kosten, was der einschlägigen Industrie zugute kommt.

» . . . Ich gebe fürchterlich viel Geld aus für äußerlichen Plunder . . . «

» . . . Bei solchen Käufen bin ich meist sehr irrational . . . «

Die Modeindustrie, die ja nach wie vor eher für die Frauen produziert, verdichtet viele der erwähnten Widersprüchlichkeiten. Mode symbolisiert das Tempo der Zeit, die Raschlebigkeit (vgl. Simmel 1989), sie unterstreicht den Stellenwert des weiblichen Körpers, bietet aber gleichzeitig auch das Zugehörigkeitsgefühl zu bestimmten sozialen Gruppen. Damit sind Einheitlichkeit und Individualität gleichzeitig möglich.

Sehnsucht nach Sinn, Lebensfreude und Selbstverwirklichung
und
Angst vor Genuß und zuviel Geld

Für alle Befragten ist Geld das Mittel zum Zweck. Geld sollte einfach da sein, wenn man etwas will, es ist kein Medium, das an sich Bedeutung hat. Geld wird sehr unmittelbar erlebt beziehungsweise gewünscht:

» . . . Geld bedeutet für mich, daß man es einfach hat und ausgibt, solange eines da ist. Ja, so mache ich das auch. Ich habe da keine Ordnung und kein Schema. Ich bringe nie was zur Seite . . . «

Eine Studentin, die Geldangelegenheiten als äußerst lästig empfindet, führt ein interessantes Kriterium an, wann sie genug Geld hätte:

»...Ich möchte einfach, daß mich Geld nicht sehr beschäftigt. Wenn ich einkaufen gehe, möchte ich mich nicht darum kümmern müssen, wo das Klopapier billiger ist, ich will zum nächsten, bequemsten Laden gehen können. Ich will nicht dauernd rechnen müssen ...«

Viele Frauen sagen direkt oder indirekt:»Ich verwende Geld, um meine Ziele im Leben zu erfüllen.«

Geld ist für Frauen dann kommunikativ und sinnvoll, wenn es dem Leben dient. Was ein sinnvolles Leben für die einzelnen Frauen bedeutet, worin Selbstverwirklichung besteht, ist natürlich sehr unterschiedlich. Wenn die eigenen Kinder wichtig sind, investieren Frauen viel in sie; wenn Abwechslung vom Alltag Bedeutung hat, geben sie viel Geld für Reisen aus. Ist das Grundlebensgefühl Unsicherheit, investieren sie Geld in Personen oder Institutionen, die Sicherheit geben können. Geld wird benützt, um Mängel zu beheben und individuell definierte Lebensqualität zu schaffen (siehe Kap. 1). Eine Frau, die ihr Leben grundsätzlich genießt, sagt im Interview:»Geld ist ein Lebensspender ...«

Geld kann unmittelbar Mängel beheben. Ist man hungrig, kann man sich sättigen; fühlt man sich nicht schön genug, kann man mit Kosmetik nachhelfen; ist man krank, kann man Hilfe finanzieren. Es ist der universelle Inbegriff aller Lebensmöglichkeiten, die man kaufen kann. Geld ist wie ein Jolly Joker. Finanzielle Mittel können also unmittelbar Bedürfnisse ausgleichen, aber auch helfen, tieferliegende Probleme zu beseitigen, zum Beispiel den Mangel an Geltung, den Mangel an Freiraum oder an Macht. Geld bringt Status, soziale Potenz, Macht − insgesamt mehr Möglichkeiten. Teurere Autos zum Beispiel sind schneller, größer und signalisieren Potenz.

Die Art und Weise, wie mit Geld umgegangen wird, läßt immer einen Rückschluß auf die Person zu. Frauen mit pessimistischer Grundhaltung sind eher geneigt, ihre finanzielle Situation ernster zu beurteilen, fürchten sich vor Inflation und äußern Zweifel an der Möglichkeit, ihre Leistung gut zu verkaufen. Stellt eine Frau hohe Leistungsanforderungen an sich und andere, so wirkt sich das zum Beispiel in der Höhe des Taschengeldes für die eigenen Kinder aus:

»... Einige Freunde sagen, ich bin zu streng. Die Kinder bekommen Taschengeld, aber sie müssen etwas dafür leisten. Ich bekomme auch nur dann Geld, wenn ich etwas dafür leiste ... «

Die Forderung, daß jeder gegen gesellschaftliche Ungerechtigkeiten ankämpfen sollte, wirkt sich zum Beispiel in großzügigen Spenden aus und in der Gewohnheit, Ärmeren Geld zu borgen oder zu schenken:

»... Jeder sollte Geld hergeben, wenn er mehr hat als andere ... «

Eine Frau, die besonders stark unter Abhängigkeit von männlichen Autoritäten leidet, machte sich selbständig und gab folgendes Motiv an:

»... Mein Ziel war, eine eigene Firma zu gründen; ich hasse Chefs. Ich muß immer mein eigener Herr sein ... «

Eine Frau, die als Fünfundvierzigjährige immer noch unter dem Gefühl leidet, das schwarze Schaf in ihrer Familie zu sein, und sich immer wieder in die Position der Außenseiterin manövriert, phantasiert, daß sie sich mit viel Geld ihren großen Traum erfüllen würde: nämlich sich eine Lebenssituation zu schaffen, in der sie nicht mehr die Rolle der Außenseiterin einnehmen müßte:

»... Ich würde mir einen Grund im Ausland kaufen. Nur auswandern, nein, das ist zuwenig, aber mit Grund und Boden ist man kein Außenseiter; ich will integriert sein ... «

Das Wahrnehmungsmuster, »immer ausgenützt zu werden«, findet sich wieder im Gefühl, auch ökonomisch ausgebeutet zu werden:

»... Ich komme immer zu kurz. Ich muß immer zahlen. Das geht mir auch dann so, wenn es um viel Geld geht ... «

Eine andere, energiegeladene Frau beschreibt sich als lebensbejahend und stark. Probleme sind für sie Herausforderungen. Mit Geld hat die geschiedene Antiquitätenhändlerin noch nie Probleme gehabt, sie »macht was draus ... «.

Eine Sozialarbeiterin definiert ihre Einstellung zu Geld ihrer Lebensphilosophie entsprechend:

»... Ich möchte Geld haben, aber auch wieder loslassen können ... «

Eine Verkäuferin, die schon viel Not erlebt hat, formuliert ihr Selbstbild:

»...Ich bin wie eine Katze, ich falle immer auf die Beine; ich verhungere nicht...«

Diese Grundhaltung ermöglicht auch Gelassenheit in Gelddingen. Geld wird also meist für die Bewältigung eines direkten oder indirekten Mangels ausgegeben. In diesem Kontext hat Geldausgeben für Frauen eine völlig neue Bedeutung. Immer wieder hören wir von Männern das Vorurteil, Frauen *gäben* ohnedies nur Geld *aus*. Aber auch Frauen selbst neigen dazu, ihren Umgang mit Geld abzuwerten:

»... Ich gehe mit Geld nicht gut um ... «

»... Ich habe eine gestörte Beziehung zu Geld. Ich gebe viel zu viel aus ... «

Die meisten Frauen kaufen gerne ein; sie kaufen besonders gerne schöne Dinge:

»... Eine meiner Lieblingsbeschäftigungen ist es, in die Stadt einkaufen zu gehen. Das ist wie ein Trip ... «

Die Kehrseite der Realisierung dieser Lust, die das befriedigende Gefühl von Sinn vermittelt, ist die Angst davor, diesen Bedürfnissen und Impulsen nachzugeben. Da Frauen ohnehin dazu sozialisiert werden, ihre Wünsche zugunsten anderer zurückzustellen, schleichen sich beim Kauf schöner Dinge rasch Schuldgefühle ein:

»... Manchmal kaufe ich mir etwas und verstecke es. Nach Tagen ziehe ich es dann erst mal an, und wenn er mich fragt, ob das neu ist, dann sage ich, das habe ich schon lange ... «

Aus Angst, zuviel auszugeben, werden trickreiche Strategien überlegt, wie man sich selbst überlisten könnte, um gar nicht erst in Versuchung zu kommen:

»...Ich habe keine Scheckkarte. Wenn ich auf der Bank das Geld holen muß, merke ich deutlicher, wieviel ich ausgebe. Ich brauche dieses Hindernis...«

»...Wenn ich nicht monatlich einen bestimmten Betrag aufs Sparbuch überweisen würde, gäbe ich alles aus...«

»...Ich gehe nicht in den Supermarkt; dort kaufe ich immer viel zuviel ein...«

Auch Kontoüberziehungen erzeugen bedrückende Gefühle. Im Wort »überziehen« klingt das Überzogene, das Übertreten einer Norm durch. Im Bewußtsein der Frauen ist Überziehen – trotz eines Kreditrahmens – etwas Verbotenes. Geldausgeben wird sehr oft mit Unbescheidenheit, Haltlosigkeit und Verschwendung assoziiert. Die Einstellung, für sich etwas haben zu wollen, ist mit dem herkömmlichen Frauenbild unvereinbar: Frauen müssen selbstlos sein.

Die Angst, zuviel Geld zu haben, ist bei den meisten Frauen ohnehin kein manifestes Thema. Häufiger hören wir, daß Frauen es vorziehen, einer Beschäftigung nachzugehen, die einen Bezug zur eigenen Person hat und Selbstverwirklichung ermöglicht, und dafür in Kauf nehmen, weniger zu verdienen:

»...Ich kann nur Sachen gut verkaufen, die mir selbst gut gefallen...«

»...Für mich ist entscheidend, daß der Kunde das Gefühl hat, ich bin Tag und Nacht für ihn da...«

Frauen sind, wenn es ihre Lebensbedingungen einigermaßen zulassen, relativ unabhängig von der Herrschaft des Geldes über die Lebensentscheidungen. Einerseits könnte die Unvereinbarkeit von Anforderungen des Wirtschaftslebens mit der weiblichen Persönlichkeitsstruktur dafür ausschlaggebend sein, andererseits auch die unterschiedlichen Interessen, aber vielleicht auch die Angst davor, in dieser Welt nicht bestehen zu können.

Die Vorstellung, plötzlich viel Geld zu besitzen, ist auch mit einer größeren Veränderung der gesamten Lebenssituation und damit der eigenen Identität verbunden: »...Geld verdirbt den Charakter...« (siehe Kap. 6).

Zugehörigkeit zu einer bestimmten Gruppe erträgt längerfristig keine allzu großen Unterschiede. Das gilt auch für ökonomische Unterschiede. Die durch »plötzlichen Reichtum« drohende Einsamkeit und die möglichen Neidgefühle anderer werden von den Frauen durch die Vorstellung abgefangen, daß sie mit plötzlichem Reichtum viel an andere Personen weiterschenken würden:

» . . . Das erste, was mir einfällt, was ich mit viel Geld täte, ist, meine Freundin und meine Eltern zu unterstützen . . . «

Interessant ist, daß sich keine der Befragten großen Reichtum wünscht. Die meisten Frauen möchten nur *ein wenig mehr Geld haben*, als sie derzeit zur Verfügung haben (siehe Kap. 1).

Den Traum vom Reichtum, der in vielen Märchen und Mythen ein wichtiges Thema ist, konnten wir in unseren Gesprächen nicht wiederfinden. Unsere Gesprächspartnerinnen versicherten:

» . . . Wenn ich viel Geld hätte, würde sich gar nicht viel ändern . . . «

Nicht nur Armut kann einsam machen, sondern auch Reichtum, wenn er nicht zum bisherigen Lebensstil paßt. Immer wieder wird mit Geld die Möglichkeit verbunden, ein sinnvolles, authentisches Leben zu führen. Wir hörten aber eine Fülle von Schilderungen, wo Frauen lukrative Möglichkeiten zugunsten der eigenen Authentizität zurückgestellt hatten. Es gibt eine eindeutige Tendenz: Lebensqualität geht vor Geld.

» . . . Ich gehöre zu den Leuten, die zeitweise sagen, jetzt reicht's mir, ich brauche nicht mehr . . . «

» . . . Ich könnte locker einen Job haben, wo ich das Doppelte verdiene. Aber hier gefällt es mir eben. Geld ist dabei nicht so wichtig . . . «

Weibliche Lebensqualität, die Sinn und Freude bringt (siehe auch 2. Gegensatzpaar), heißt immer wieder: Personenorientierung, Lebendigkeit und Selbstfindung.

» . . . Ich will eigentlich immer das, was lebt . . . «

Eine ehemalige Kassiererin beschreibt ihre frühere Arbeit — *das Geld rausgeben, das Geld einnehmen* — als *tote Materie,* die sie nicht aushielt. Sie zog den Beruf Köchin vor, obwohl sie dabei weniger verdient.

Unternehmerinnen beschreiben immer wieder, daß nicht das Einkommen Priorität habe, sondern die damit verbundene Möglichkeit zur persönlichen Weiterentwicklung.

»... Das Geld ist eigentlich egal. Es geht mir um die Atmosphäre und um das Glücklichsein – von mir und meinen Angestellten in der Firma. Deshalb möchte ich mit meiner Firma auch nicht wachsen . . . «

Wenn Geld dafür steht, daß es einen unmittelbaren Bezug zur eigenen Person herzustellen hilft, ist Geld positiv besetzt, wenn es im weitesten Sinne des Wortes entfremdet, wird Geld abgelehnt:

»... Ich sage ja zu einem Küchenservice mit selbstgemachten Suppen. Ich sage nein zur schnellen Marie mit Industrieessen . . . «

Eine Wohnungsvermittlerin spricht von Geschmack, Kontakt mit Menschen und davon, daß sie Freude bereiten kann:

»... In meinem Beruf kann ich so viel Persönliches einfließen lassen. Ich genieße das . . . «

Gelderwerbsmöglichkeiten, die es gestatten, Familie und Beruf irgendwie zu verbinden, zählen zu den gesuchtesten. Solche Modelle ermöglichen es, daß sich die Schuldgefühle in Grenzen halten. Die strukturell bedingten Widersprüche zwischen Arbeit und Familie sind durch individuelle Lösungen auch eher in Einklang zu bringen. Es bieten sich überschaubare Tätigkeiten als Selbständige an, wo das Büro in die Wohnung integriert sein kann, wo man nur

»... rübergehen muß, um das Gemüse hinzustellen... Mein Traum ist es, ein Büro zu haben, wo gleich nebenan eine Krabbelstube ist, wo die Mütter mit den Kindern hinkommen. Ich finde es einen Wahnwitz, daß Muttersein und Arbeit nicht vereinbar sind . . . «

Frauen mit Kindern geben fast immer der Familie Priorität vor dem Beruf. In einigen Fällen können halbwegs verträgliche Modelle gefunden werden:

»... Es ist ein gutes Geschäft für mich, denn es entlastet mich, und ich kann mich wieder mehr der Familie widmen. Ich werde nur klein weitermachen . . . «

Ein gutes Geschäft ist eines, in dem alle Sinninhalte Platz haben – nicht nur das Geldverdienen.

Frauen verfolgen andere Ziele und haben einen anderen Leistungsbegriff: Sie wollen einen Beruf haben,

- in dem sie mit Menschen zu tun haben,
- in dem sie ihre Beziehungen nicht vernachlässigen müssen,
- der zu ihrer Person paßt,
- der Anerkennung bringt,
- der möglichst sozial ist,
- der eine gewisse Unabhängigkeit ermöglicht,
- der sich mit dem Privatleben auf einen Nenner bringen läßt.

Sehnsucht nach Liebe und Anerkennung
und
Angst vor Liebesverlust und Ablehnung

Zu den wichtigsten Themen, die über Geld abgehandelt werden, zählen Liebe, Anerkennung und Wertschätzung.

Wenn Frauen jemanden mögen, können sie ihm weniger abschlagen, haben ein auffallend starkes Bedürfnis, ihm etwas zu finanzieren, zu schenken, ihn auch finanziell zu unterstützen.

Positive Erinnerungen im Zusammenhang mit Geld sind häufig mit Situationen verbunden, in denen man von geliebten Personen Geschenke und finanzielle Zuwendungen bekam und sie auch annehmen konnte.

Geld und Liebe schließen einander an sich aus. Sie sind widersprüchliche Prinzipien, zwei verschiedene Welten. Von geliebten Menschen läßt man sich Leistungen — weil sie eben Liebesdienste sind — nicht bezahlen, teilt aber alles, was man hat, mit ihnen. Im öffentlichen Bereich wird mit materiellen Gegenleistungen bezahlt, im Privatbereich geht es dem Prinzip nach um immateriellen Ausgleich. Dieser Widerspruch erklärt viele Mißverständnisse, Ambivalenzen und Ungereimtheiten (siehe Kap. 3).

Eine Grundannahme ist es, daß Geld für Frauen immer dann eine Rolle spielt, wenn es als Symbol für Anerkennung und Liebe oder als

Liebesersatz steht. Frauen scheinen durch Anerkennung *bestechlich* zu sein. Geldverdienen macht dann besonders Spaß, wenn damit das Gefühl, etwas wert zu sein, verbunden ist:

> »... Ich möchte, daß meine Kunden gerne zahlen, weil sie sagen, die Arbeit von dieser Frau ist mir das wert ... «

Während Bargeld meist als unpersönlich empfunden und daher eher abgelehnt wird, hat Geld in vielen Funktionen einen sehr hohen Stellenwert. Man kann sich und anderen damit zum Beispiel großzügige Liebesbeweise liefern. Hierbei spielt offensichtlich nicht nur die bewußte oder unbewußte Erwartung eine Rolle, Liebe und Sicherheit zurückzubekommen, sondern — durch die Identifikation mit dem Beschenkten — kann auch die Freude des anderen als eigener Wertgewinn empfunden werden:

> »... Nächste Woche sind drei Geburtstage. Da bin ich immer sehr großzügig. Ich habe einfach selber Spaß, solche Sachen zu kaufen, wo ich weiß, daß andere Freude daran haben, und das macht mir selbst auch wieder Spaß ... «

Das Wort »Zuwendung« wird ja auch für finanzielle *und* emotionale Liebesbeweise verwendet:

> »... Wenn ein Freund von mir in Not wäre, würde ich ihm unter die Arme greifen ... «

Von vielen Frauen hören wir, daß sie Geld nicht verleihen, sondern lieber gleich verschenken. Sie rechnen nicht mit einer Rückzahlung (siehe Kap. 1).

Wenn Geld in diesem Kontext Liebe bedeutet, dann kann man sich diese symbolische Form, Gefühle zu schenken, nicht zurückzahlen lassen. Das Wort *zurückzahlen* hat ja nicht zufällig die Doppelbedeutung »Geld zurückzahlen« und »Unangenehmes zurückzahlen«, »heimzahlen« — also »rächen«. Auch die »Vergeltung« verweist auf diesen Zusammenhang.

Oft wird diese Verbindung auch dadurch deutlich, daß man sich ungerecht behandelt fühlt, wenn man geborgtes Geld zurückzahlen muß. Der Schuldner macht dem Geldgeber emotional eigentlich Vorwürfe. Der Druck, den eine vom Gläubiger erwartete Zurückzahlung verursacht, wird als Lieblosigkeit empfunden. Die Höhe des Geldwerts, den man bekommt, wird mit dem Ausmaß der Wertschätzung, die man genießt, gleichgesetzt. Das gilt besonders für Ausgaben, die echte Opfer bedeuten – sie werden als ganz besonderer Liebesbeweis angesehen:

»... Er hat für mich ein Vermögen ausgegeben ...«

Damit schenkt der andere nicht nur Geld, nicht nur Objekte, sondern symbolisch auch die Bereitschaft zu einem längerfristigen Verzicht, zur Beschränkung eigener Möglichkeiten.

Eine Angestellte versucht, die Liebe ihrer Großmutter zu ihr deutlich zu machen, indem sie deren große Opfer schildert:

»... Meine Großmutter hat sich im Krieg kein Gewand gekauft, sondern sie hat es mir gekauft. Das habe ich ihr nie vergessen ...«

Üblicherweise ist man um so inniger an ein Prinzip, ein Objekt oder an eine Person gebunden, je größer das Opfer dafür war. Auch die Kirche verlangt Geldopfer – um der Liebe zu Gott willen.

Und in beinahe allen Therapieformen gilt ebenfalls die Regel, daß sie den Patienten etwas kosten müssen, daß nur durch ein finanzielles Opfer der Wert der Therapie symbolisch demonstriert wird und gerade durch diese Selbstbindung die Erfolgswahrscheinlichkeit erhöht wird. Das Sprichwort »Was nichts kostet, ist nichts wert« entspricht der gängigen Meinung. Preispolitische Überlegungen berücksichtigen diesen Zusammenhang längst.

Je mehr man für etwas bezahlt, desto wertvoller wird es. Das gilt – vom Standpunkt des Mannes gesehen – auch für die Frau, für die er Geld ausgibt. Diese Auffassung ist aber auch bestimmend für das Selbstwertgefühl vieler Frauen. Sie äußert sich ganz besonders in der traditionellen Erwartungshaltung der Frauen Männern gegenüber. Selbst in der jüngeren Generation ist es »normal«, daß beim Ausgehen der Mann bezahlt. Wenn das Mädchen bezahlt, wird das mit Selbstabwertung verbunden.

»... Ein großzügiger Mann gibt einem das Gefühl, eine tolle Frau zu sein ...«

Napoleon Bonaparte bewies seine Männlichkeit und Liebe, indem er Joséphine unter üppigen Geschenken begrub. Aber nicht nur in der Geschichte, sondern auch in der Literatur, im Film und in der Werbung ist der reiche Mann ein erotisches Objekt, wird Liebe durch Geschenke ausgedrückt. »Geld macht sinnlich«, sagt Brecht.

» . . . Wenn er bereit ist, so viel Geld für mich auszugeben, auch wenn er nicht viel hat, zeigt das, daß er mich wirklich liebt . . . «

Frauen verwöhnen anders als Männer: Während sie ihre Liebe zu Männern eher durch nicht unbedingt an (viel) Geld gebundenes Geben ausdrücken, zum Beispiel mit der Zubereitung der Lieblingsgerichte (»Liebe geht durch den Magen«) oder durch selbstgestrickte Pullover (»Selbstgemachte Sachen sind mehr wert«), erwarten sie auch finanzielle Liebesbeweise. Zum Beispiel wird auch die Liebe der Eltern unter anderem daran gemessen, wieviel man als Mädchen (im Vergleich zu den Geschwistern) bekommen hat:

» . . . Meine Schwester, die hat immer alles von der Mutter bekommen, weil sie so an der Mutter gehängt ist. Ich habe nicht so viel gekriegt . . . «

Den Kampf ums Taschengeld kann man auch als Symbol für Liebesmangel sehen. Geld verliert seinen emotionalen Wert, wenn es als Liebesersatz dienen soll:

» . . . Ich bin ständig von den Eltern alleine gelassen worden. Ein paar Stunden (Zuwendung) wären mir lieber gewesen als das großzügige Taschengeld und die tollen Geschenke . . . «

Das Sich-von-Schuldgefühlen-Loskaufen bekommt in belasteten und Krisenbeziehungen große Bedeutung. Juweliere machen angeblich das beste Geschäft mit Ehemännern, die ihren Frauen teuren Schmuck kaufen, weil sie eine Freundin haben.

»Geld statt Liebe« wird von einer Gruppe von Frauen als gerechtfertigte Buße beziehungsweise aus Rache sogar gefordert. Andere wieder lehnen Geld in diesem Zusammenhang ab mit der Begründung, daß das ihr Stolz nicht zuließe:

» . . . Er hat mich zutiefst gekränkt. Ich war von dem Gedanken beseelt, wenn er mich nimmer will, dann brauch' ich sein Zeugs schon gar nicht . . . «

Geld, Gaben und Geschenke zurückzuweisen bedeutet, die Liebe des Gebenden zurückzuweisen. Es bedeutet, daß man weder das Beziehungsband enger knüpfen will, noch durch irgendeine Form von Dankbarkeit verbunden werden will.

Oft spielt bei Großzügigkeit und Freigebigkeit die Angst vor Liebesverlust, vor dem Alleinsein eine große Rolle:

»... Ich glaube, daß ich aus Angst, alleine gelassen zu werden, in meine Nichte soviel investiert habe ... «

»... Manchesmal denke ich mir, daß man sich auch Liebe erkaufen will durch Geld ... «

Wenn das Verhältnis von Geben und Nehmen als ausgewogen erlebt wird, scheint die Angst vor dem Druck, das Bekommene in anderer Währung zurückgeben zu müssen, nicht sehr groß zu sein. In asymmetrischen Beziehungen hingegen werden über das Geld Liebe und Macht abgehandelt. Über Fragen wie »Wer darf sich mehr leisten?« werden Akzeptanz und Macht ausgehandelt und definiert.

Hinter Auseinandersetzungen um Geld stecken meist tieferliegende Themen. Oft werden so Kränkungen oder Erwartungen indirekt und verdeckt abgehandelt, wenn der eigentliche Gesprächsgegenstand zu schmerzhaft, zu »peinlich« oder gar nicht bewußt ist. Häufig verbirgt sich hinter dem Streit ums Geld die Frage nach der eigentlichen Wertschätzung.

Eine Studentin schildert verschiedene Phasen der Beziehung zu ihrem Partner. Anfangs stritten sie oft um Geld. Später, als sich mehr Vertrauen entwickelte, war Geld kein Thema mehr:

»... Wir haben in letzter Zeit eine andere Einstellung zueinander gefunden. Das spiegelt sich dann auch im Geld wider, daß ich meinen Mann einfach mehr verstehe ... «

Als einem Grundproblem von Frauen begegneten wir immer wieder einem Mangel an Selbstbewußtsein. Das Bedürfnis, geliebt und gebraucht zu werden, scheint fast unersättlich zu sein. Die Angst, zuwenig Liebe und Anerkennung zu bekommen, motiviert zu verschiedensten Verhaltensformen. Oft verzichten Frauen lieber auf Geld, arbeiten umsonst und stellen ihre finanziellen Forderungen zurück, wenn sie sich damit Anerkennung und Zuwendung »erkaufen« können. Für das Gefühl, gebraucht zu werden, sind sie bereit, der finanziellen Entlohnung einen geringeren Stellenwert einzuräumen (siehe Kap. 2):

»... Ich mache die Überstunden gerne, denn ich mag meinen Chef...«

»... Wenn ich kritisiert werde, stecke ich in meinen Honorarforderungen sofort zurück ...«

Frauen versuchen auch durch die Art ihres Gelderwerbes, Zuwendung zu bekommen, gebraucht zu werden. Typische Frauenberufe liegen daher im Sozialwesen, in Kommunikations- und Servicebereichen (Krankenschwester, Sekretärin usw.).

Daß Liebe und Beliebtheit wichtiger sind als Geld, Karriere und Erfolg, zeigen auch die Hemmungen der Frauen, mehr zu verdienen als ihr Mann (siehe Kap. 6).

Immer wieder stehen die Beziehungen im Zentrum des weiblichen Lebensbezugs:

»... Mein Freund ist verheiratet, deshalb wohnen wir auch nicht zusammen. Wenn er sich scheiden ließe, hätten wir weniger Geld. Aber das würde ich für diese Beziehung in Kauf nehmen. Was hat in unserer Beziehung das viele Geld für einen Sinn, wenn man sonst nicht glücklich ist? Ich wäre dann fähig, auf vieles zu verzichten, man kann sich einrichten ...«

»... Aus Liebe etwas zu machen, ist mehr wert, als für Geld etwas zu machen ...«

Diese Grundhaltung ist repräsentativ für einen großen Prozentsatz von Frauen, für die »Geben seliger ist denn Nehmen«. Allerdings verbirgt sich hinter dieser scheinbar altruistischen Haltung das oft unbewußte Bedürfnis, statt Geld Dankbarkeit und Liebe zurückzubekommen. Geld tilgt die Schuld, läßt keine Verpflichtung, Bindung offen. Geben erzeugt im anderen Abhängigkeit und längerfristige Verpflichtungen.

Eine weitere Form, das Bedürfnis nach Liebe auszudrücken, ist das Stehlen. Psycho-logisch gleicht der- oder diejenige, der/die sich Fremdes aneignet, mit diesem Akt ein emotional erlebtes »Unrecht« aus:

»... Wenn er mir schon nicht seine Liebe gibt, dann will ich wenigstens sein Geld ...«

»... Meine Schwester wurde immer von den Eltern bevorzugt. Ich habe sie daraufhin bestohlen ... «

Diese Form, sich selbst die fehlende, ersehnte Zuwendung ersatzweise über Geld zu verschaffen, finden wir auch in der Tendenz der Mittelschichtfrauen, sich selbst durch den Kauf von Kleidern oder kleinen Eigengeschenken über Frustrationen hinwegzuhelfen. Das, was sie eigentlich von lieben Menschen bräuchten, *Streicheleinheiten*, leisten sie sich selbst:

»... Oft bin ich so frustriert, da muß ich mir dann was Gutes tun. Da fahre ich in die Stadt und kaufe mir einen Fetzen oder ein Buch oder sowas ... «

Sehnsucht nach Sicherheit und Unabhängigkeit
und
Angst vor Unsicherheit und Abhängigkeit

Unsere Textanalysen ergaben, daß Frauen eine enge Wechselbeziehung zwischen dem Gefühl von Sicherheit und dem Bedürfnis nach Unabhängigkeit herstellen (siehe Kap. 3 und 4). Finanzielle Unabhängigkeit produziert Sicherheit, und erst ein bestimmtes Maß an Sicherheit ermöglicht es, sich unabhängig zu machen:

»... Innere Sicherheit und finanzielle Unabhängigkeit gehen Hand in Hand ... «

Je unsicherer man sich fühlt, desto eher neigt man dazu, das Leben in Abhängigkeitsstrukturen als angenehm zu erleben, den Preis dafür gerne zu bezahlen: »... Er war eine gute Partie ... «

Geld, über das man verfügen kann, bedeutet Sicherheit, Angstfreiheit und Unabhängigkeit. Da im weiblichen Lebenszusammenhang die Gegensatzpaare »Abhängigkeit — Emanzipation« und »Sicherheit — Selbstbewußtsein« einen zentralen Stellenwert haben, ist es nicht verwunderlich, daß auch Geld in hohem Maß mit dieser Symbolik beladen ist:

» . . . Geld bedeutet für mich ganz einfach Unabhängigkeit von anderen Menschen – nicht mehr betteln müssen . . . «

» . . . Seit ich selbst Geld verdiene, habe ich ein ganz anderes Selbstwertgefühl . . . «

In unserer Gesellschaft bedeutet erst das selbständige Geldverdienen die Möglichkeit, wirklich erwachsen zu sein. Daher wird dem ersten selbstverdienten Geld so hoher Wert beigemessen. Es symbolisiert Grenzüberschreitung, weckt ein Gefühl großer Stärke und Unabhängigkeit. Jede Frau erinnert sich an dieses Ereignis:

» . . . Mein erstes Geld – das war ein herrliches Gefühl . . . «

» . . . Das erste Geld war für mich so faszinierend, daß meine Freundin und ich die ganze Speisekarte durchessen wollten. Wir meinten, uns gehöre die Welt . . . «

Als Hausfrau und Mutter verdient man Geld nur über den Mann. Immer wieder zeigte sich, daß – trotz gesetzlicher Regelungen – das Gefühl bestehen bleibt, das Geld des Mannes sei *fremdes* Geld, das man nur mit *schlechtem Gewissen* ausgibt:

» . . . Früher habe ich von unserem Geld gesprochen, seit ich weniger verdiene, spreche ich von meinem und seinem Geld. Wahrscheinlich, weil ich nicht verfügen will über sein Geld . . . «

Diese Haltung muß gar nicht durch den Mann bedingt sein. Sie tritt auch gegenüber großzügigen Männern auf, die das verdiente Geld als gemeinsames betrachten:

» . . . Obwohl ich volle Verfügung über das Konto habe, habe ich Hemmungen, Geld auszugeben . . . «

Die Formulierung *das Geld meines Mannes* oder die Worte *ausgeben* und *raushauen* lassen auf die psychische Dynamik schließen. Frauen sprechen selten von *unserem Geld* oder von *darüber verfügen* oder *verwenden*:

» . . . Ich habe immer das Gefühl, mein Mann verdient das Geld und ich schmeiße es raus . . . «

»Unverdientes Geld« macht »schuldig«, erzeugt Abhängigkeit und reduziert die eigene Sicherheit. »Anständige« Menschen geben nur

»selbstverdientes« Geld aus. Als unverdientes Geld wird nicht nur das Geld des Mannes oder der Eltern erlebt, sondern auch Kredite, Ererbtes oder ein als zu hoch empfundenes Gehalt.

Eine Sachbearbeiterin, die von der Privatwirtschaft in die öffentliche Verwaltung wechselte, erlebt ihr neues Gehalt als überhöht:

» . . . Ich hatte ein schlechtes Gewissen, weil ich dachte, wenn ich doppelt soviel kriege, dann muß ich doppelt soviel arbeiten . . . «

So wie für Kinder, die sich erst wirklich von der elterlichen Autorität loslösen können, wenn sie sich selbst erhalten, sich selbst Halt geben können, symbolisiert Geld auch für Frauen, die von ihren Männern finanziert werden, einerseits kindliche Geborgenheitswünsche, Abhängigkeit, weniger Verantwortung, andererseits mangelnde Entscheidungsfähigkeit, Ungleichheit:

» . . . Ich will kein Geld mehr von meinem Vater, denn er hat gewisse Rechte dadurch, daß er uns finanziert . . . «

Wer Geld nimmt, muß sich in Schranken weisen lassen, sich »einschränken«, wenn der andere es will. Das gilt für den ökonomischen und psychischen Bereich.

Grundsätzlich sind Frauen durch die Arbeitsteilung eher in den ökonomisch abhängigeren Positionen. Daher haben sie ein starkes Bedürfnis nach Unabhängigkeit und Sicherheit. Je nach Geschichte, Persönlichkeits- und anderen Faktoren haben Frauen verschiedene Verhaltensweisen herausgebildet, sich »ihre Sicherheitsbezüge« zu gestalten. Davon hängt es auch ab, ob Geld für sie Sicherheit und Unabhängigkeit symbolisiert oder nicht.

Wodurch erleben Frauen ökonomische Sicherheit? Folgende Faktoren werden genannt:

- Selbstsicherheit,
- Ausbildung, Fähigkeiten, Fertigkeiten,
- Attraktivität,
- Soziale Netze, Beziehungen,
- Außengaranten (z.B. staatliche Sozialeinrichtungen),
- eigener Verdienst,

- Ehe,
- sichere Position,
- eigener Besitz, Grund,
- Sparformen,
- Versicherungen.

Grundsätzlich fiel auf, daß die Empfindung, ökonomische Sicherheit zu haben, stark mit dem Selbstwertgefühl gekoppelt ist. Je mehr inneres Selbstbewußtsein vorhanden ist, desto geringer muß der Außenhalt sein. Bei geringer Selbstsicherheit schützen auch äußere Absicherungen nicht vor massiven Angstgefühlen.

Unter Selbstsicherheit verstehen wir eine individuell erworbene Kompetenz, die sich im einzelnen nur schwer erfassen läßt. Sie meint Sicherheit im Sinne der Orientierung, der gefestigten Identität und der sozialen Kompetenz, die es ermöglicht, jeweil situationsangepaßte Strategien – sowohl auf individueller Ebene als auch in zwischenmenschlichen Beziehungen – zu entwickeln. Selbstsicherheit ist letztlich ein Gefühl der Selbsteinschätzung.

Trotz der individuellen Unterschiede ließen sich spezifisch weibliche Tendenzen, mit ökonomischer Unsicherheit umzugehen, feststellen. Frauen mit einer guten Ausbildung und gefragten Fähigkeiten haben mehr Zuversicht, ökonomisch nicht »in der Gosse zu landen«, anderen zur »Belastung zu werden«:

»... Meine Ausbildung ist für mich ein Polster. Die gibt einem eine riesige Unabhängigkeit. Damit kann ich mich jederzeit selbst über Wasser halten – alleine ... «

Die Attraktivität, die bei Frauen ja meist mit Jugend gekoppelt ist, ermöglicht das Gefühl des Begehrtwerdens und damit auch des potentiellen Zugangs zu »Käufern« (siehe Kap. 6). Großes Gewicht legen Frauen auf ihre sozialen Beziehungen zu Eltern, Verwandten, Freunden/innen, die »in Not einspringen können«, als Auffangnetz dienen und so ein sicheres Lebensgefühl ermöglichen. Hier lebt noch der ursprüngliche Versicherungsgedanke von kleineren sozialen Einheiten, bei denen mindestens ein materielles Sicherheitsnetz gemeinsam geschaffen werden kann (Haller 1975).

Wo das »Band der Familie« als gut und eng geschildert wird, ist durch das Geborgenheitsgefühl Unsicherheit sehr stark reduziert:

»... Wenn ich jetzt jemanden brauche, hab' ich immer wen, der mir hilft ... «

Am häufigsten wird das eigene, selbstverdiente Geld als Sicherheit genannt. Es ist eine notwendige Voraussetzung für Emanzipation und Selbstverantwortung. Obwohl Lebensstellungen, zum Beispiel Unkündbarkeit, die größte ökonomische Sicherheit bieten müßten, finden unsichere Frauen – trotz dieser Absicherung – Gründe, daß Ängste sie plagen (siehe Kap. 4).

Die Ehe als »Versorgungsinstitut« und Zugang zu Sozialprestige wird durch die neue Gesetzeslage und das neue Rollenbild der Frau relativiert, aber sie hat doch immer noch eine zentrale Bedeutung für die finanzielle Sicherheit von Frauen:

»... Also für mich wäre gar nicht in Frage gekommen, einen Arbeiter zu heiraten. Es mußte ein Mann in einer gewissen Stellung sein ... «

»... Ich wollte von meinem Mann verwöhnt werden und wollte einen gewissen Geldstandard ... «

Andererseits wird die einseitige Abhängigkeit vom Geld des Mannes als sehr belastend und einengend erlebt. Offensichtlich geht es daher um ein »optimales Abhängigkeitsniveau« – unter dem Motto: Nicht zu viel Abhängigkeit, sonst fühlen Frauen sich eingeengt, aber nicht zu wenig Sicherheit, sonst sind Frauen ganz auf sich gestellt.

Wir haben den Eindruck, daß besonders in problematischen Beziehungen die Schwierigkeiten über die ökonomische Ungleichheit abgehandelt werden. Fühlt sich eine Frau von ihrem Mann gedemütigt, erlebt sie die finanzielle Abhängigkeit als ganz besonders »demütigend«.

Viele Frauen versuchen, ein Stück Unabhängigkeit wenigstens über eine Nebenbeschäftigung zu erlangen. Eigenes Geld hilft, das »ewige schlechte Gewissen« zu beruhigen:

»... Wenn ich viel Geld hätte, müßte ich einmal in meinem Leben kein schlechtes Gewissen haben, wenn ich mir etwas leiste ... «

Viele Nichtberufstätige können sich aus ökonomischen Gründen eine Scheidung nicht leisten. Sie müßten sie mit Armut oder zumindest hohen Verzichten »erkaufen«. Das gilt allerdings auch für Männer. Die zunehmende Erwerbstätigkeit verheirateter Frauen ist nach 1960 der wichtigste Faktor für steigende Scheidungsquoten. Selbstverdientes Geld macht Frauen unabhängiger und entlastet die Ehe als Versicherungsfunktion.

Alle geschiedenen Frauen erzählen, daß sie trotz ihrer ursprünglichen Ängste mit ihrer neuen Situation sehr gut zurechtgekommen sind. Das prägende Erlebnis der Abhängigkeit während der Ehe bewirkt, daß viele Geld als Schlüssel zur Unabhängigkeit und selbst hergestellten Sicherheit beschreiben. Gleichzeitig muß gesehen werden, daß bereits der Entscheidungsprozeß zu einer Scheidung ein gewisses Maß an innerer Sicherheit voraussetzt. Einige Frauen sagten uns, sie hätten bei der Scheidung auf Geld verzichtet, weil das der Preis für die Zustimmung des Mannes gewesen sei:

» . . . Der hätte sich doch nie scheiden lassen, wenn er noch für mich was zahlen hätte müssen . . . «

Für viele Frauen scheint der Besitz von Grund und Boden, einem eigenen Stück Land, der Inbegriff der Zukunftssicherung zu sein. Grund übersteht Inflationszeiten, ermöglicht im Extremfall eine autonome Versorgung und symbolisiert die Verwurzelung mit der Erde, die nährt und archaische Gefühle von Geborgenheit aktiviert:

» . . . Für die Zukunft spar' ich nichts. Das ist recht kommod für mich, denn ich sag', wenn alles krachen geht, dann besitz' ich noch landwirtschaftliche Flächen von meiner Mutter. Wenn du sozusagen von der Scholle kommst, hältst du das zurück für schlechte Zeiten. Da kann ich für uns alle ein paar Erdäpfel anbauen . . . «

Fast alle Frauen sparen (siehe Kap. 2). Das Sicherheitsbedürfnis zeigt sich auch in den Formen des Sparens. Es werden sichere, wenig riskante Arten des Sparens bevorzugt. Sparen wird mit dem Begriff »Sicherheitspolster« gleichgesetzt.

Auch Versicherungen stellen einen direkten Schutz vor existentiellen Ängsten dar. Verständlicherweise haben allein lebende Frauen eine stärkere Tendenz dazu, Versicherungen abzuschließen, da das fehlende menschliche Netz ersetzt werden muß.

Je nach Sozialisation, sozialen Umständen und individueller Disposition wird mit Geld eine andere Symbolik verbunden. Gibt es also einen »reifen« Umgang mit Geld?

Die psychoanalytische Theorie stellt ein normatives Modell für ein ich-starkes Persönlichkeitsverhalten auf: Ein »reifer« Mensch

- plant sein Einkommen,
- hat eine Rücklage für Sicherheit,
- hat ein Budget für Spontanausgaben,
- kann es ohne Schuldgefühle ausgeben,
- verbindet ein bequemes mit einem sicheren Leben,
- hat Ersparnisse, Versicherungen,
- nimmt Kredite ohne Mißbrauch,
- geht vernünftige Risiken ohne Spekulationen ein,
- hortet Geld nicht gierig,
- und verschwendet es nicht,
- ist nicht neidisch
- und hilft ab und zu Bedürftigen (Bornemann 1973).

Diese Verhaltensweisen stellen ein idealtypisches Modell der Ausbalancierung zwischen Bedürfnisbefriedigung und Triebverzicht, zwischen Spontaneität und Kontrolle, zwischen Hergeben-Loslassen und Behalten-Festhalten dar. Man könnte auch sagen, daß es sich um die Ausgewogenheit männlicher und weiblicher Tendenzen handelt.

Eine Interviewpartnerin schildert ihre Idealvorstellungen, mit viel Geld umzugehen, folgendermaßen:

»...Ich würde die Hälfte anlegen, damit ich von den Zinsen leben kann. Den Rest würde ich wieder teilen: Einen Teil ins Risikogeschäft reinhauen, einen Teil für wirklich schöne Sachen — wie ein Haus — ausgeben, und den letzten Teil würde ich einfach so verjubeln, wirklich total unsinnig ausgeben . . .«

Sechstes Kapitel

Geld — ein Tabu

Aschenputtel und kein Ende?

Was ist ein Tabu und wozu dient es? — Das Wort Tabu stammt aus dem Polynesischen und bezeichnet einen heiligen Kreis oder Bezirk, der nur von eigens dazu Befugten betreten werden darf. Wird das Tabu verletzt, muß man »mit dem Zorn der Götter« rechnen, die den Fehlbaren und Zuwiderhandelnden, manchmal sogar seine Familie oder die Dorfgemeinschaft schwer bestrafen.

Tabus gab und gibt es in jeder sozialen Gruppe; sie sind Meidungsvorschriften innerhalb der Gruppe, deren Verletzung Sanktionen nach sich zieht. Mit Tabus werden Gegenstände, Personen, Orte, Handlungen und Themen belegt, denen Kräfte innewohnen, die die bestehende Ordnung gefährden können und aus diesem Grunde unter Kontrolle gehalten werden. Tabus haben systemerhaltenden, kontrollierenden bis repressiven Charakter. Veränderungen und Innovationen, die bestehende Machtstrukturen bedrohen, werden mit Hilfe von Tabus verhindert. Eine weitere Funktion, die den Tabus innewohnt, ist zudem der Schutz gefährdeter Personen.

Tabus betreffen stets heikle Themen, die von zentraler Bedeutung sind. Es handelt sich dabei um Themen, die eine hohe affektive Besetzung aufweisen und auf Grund ihrer Eigendynamik schwer kontrollierbar sind. Sigmund Freud sprach von der sozialpsychologischen Funktion der Tabus, die — als wirksame Einschränkung der menschlichen Triebbefriedigung — ein geregeltes soziales Leben ermöglichen. Welche spezifischen Themen in einer Gesellschaft tabuiert sind, hängt von den herrschenden Machtstrukturen, vom kulturellen Hintergrund und von den damit verbundenen Wertvorstellungen ab. Dennoch gibt es Fälle, in denen Tabus ungestraft verletzt werden können. Es sind innerhalb eines sozialen Systems zwei Gruppen, die in der Lage sind, wenn auch aus unterschiedlichen Gründen, sich über Tabus hinwegzusetzen, ohne daß sie mit Sanktionen rechnen müssen: Auf der einen Seite sind es die Mächtigsten, auf der anderen Seite ihr gesellschaftlicher Gegenpol, die Randgruppen – diese allerdings nur unter der Voraussetzung, daß sie in der ihnen zugewiesenen Position verbleiben.

Die Mächtigen sind Maßstab und Richter zugleich. Die Angst vor »dem Zorn der Götter« ist gleichbedeutend mit der Angst der in der sozialen Hierarchie Tieferstehenden vor Sanktionen der Mächtigen.

Die Menschen sozialer Randgruppen haben, verletzen sie die Regeln, meist wenig oder gar nichts zu verlieren – das erhöht den Grad ihrer Freiheit bezüglich der Mißachtung von Tabus. So nimmt man es einem Alkoholiker nicht ernstlich übel, wenn er in der Öffentlichkeit seine Notdurft verrichtet. Einer Prostituierten verzeiht man ihr aufreizendes Verhalten, selbst wenn es in einer gutbürgerlichen Umgebung geschieht. Ein solches Verhalten stört die Ordnung nicht, im Gegenteil, es bestätigt bestehende Weltbilder und Urteile und erhöht das Gefühl des »anständigen« Bürgers, daß die Welt im allgemeinen und seine Welt im besonderen in Ordnung sei.

Randgruppen dienen dem System als Symptomträger, ermöglichen diesem die Abspaltung seiner Schattenseiten und sind darum ein wichtiger Faktor im Bestreben, sein inneres Gleichgewicht aufrechtzuerhalten. In diesem Sinne sind Randgruppen systemerhaltend und gefährden die Machtstruktur ebensowenig wie die Mächtigen selbst.

Die den Tabus innewohnende systemerhaltende Funktion erklärt auch den hohen Wirksamkeitsgrad, der ihnen zu eigen ist. Diese hohe Wirksamkeit zeigt sich eo ipso in den Schwierigkeiten, auf die man stößt, will man bestehende Tabus durchbrechen, und daran, wieviel Zeit notwendig ist, damit sie überhaupt verändert werden können.

Womit hängt das zusammen? Einerseits mit der manifesten Angst der Menschen vor sozialer Diskriminierung und Bestrafung als Folge unerwünschten Verhaltens. Das erklärt die Wirksamkeit von Tabus aber nur zu einem vergleichsweise geringen Teil. Deren Hauptursache ist die latente Angst, die aus dem kollektiven Unbewußten (C.G. Jung 1981), der tiefsten psychischen Schicht des Menschen, stammt. Im kollektiven Unbewußten sind tabuierte Wünsche, Triebe und Gefühle gespeichert, die alle Menschen gemeinsam haben, die artspezifisch sind. Die hier verborgenen Urgefühle und archaischen Vorstellungen betreffen existentiell menschliche Bereiche wie die Sexualität, ursprüngliche Vorstellungen über Leben und Tod, über Gut und Böse.

Das kollektive Unbewußte ist uns normalerweise nicht zugänglich. Nur in außerordentlichen Bewußtseinszuständen öffnet sich die Tür zu dieser Ebene, so zum Beispiel unter dem Einfluß von Drogen, in Trancezuständen, manchmal beim Träumen oder in psychotischen Phasen. Die Inhalte des kollektiven Unbewußten sind nicht direkt kommunizierbar, so daß der Umgang mit ihnen den rationalen Verhaltens- und Verarbeitungsmöglichkeiten entzogen ist. Ihr Einfluß auf das menschliche Verhalten ist unkontrolliert und daher um so stärker. Er zeigt sich verschlüsselt, über symbolische Handlungen — wie zum Beispiel Opfern/Schenken — und Gegenstände, in vielen Wortbildungen, in der Symbolik von Kunst, Mythen und Märchen (siehe Kap. 5).

Aschenputtel oder wie aus einem armen Mädchen eine glückliche (reiche) Frau wird

Das Märchen von Aschenputtel, dem armen, unterdrückten und schönen Mädchen, das endlich vom reichen Prinzen erlöst wird, zeigt die in unserem Kulturkreis seit Jahrhunderten gültigen geschlechtsspezifischen Rollenmuster auf. Jedes kleine Mädchen, jeder kleine Junge lernt bereits hier, wie eine »richtige« Frau, wie ein »richtiger« Mann sich verhalten müssen, um sozial anerkannt zu werden, erfolgreich und glücklich zu sein. Mehr noch: In diesem Märchen werden Bilder gezeichnet, die vermitteln, wie Frauen keinesfalls sein sollten, was für Frauen tabu ist — nämlich so zu sein wie die böse Stiefmutter und die geldgierigen und garstigen Stiefschwestern von Aschenputtel.

Geld ist in diesem Märchen wichtig; die Frauenfiguren in Aschenputtel sind allesamt daran interessiert; die Männer haben Geld. Direkt wird zwar wenig von Geld gesprochen, in verschlüsselter Form taucht es jedoch immer wieder auf. Alle Bestrebungen laufen darauf hinaus, über die Heirat mit dem reichen Prinzen zu Geld und sozialer Sicherheit zu gelangen.

Wenn Aschenputtel das Bäumchen am Grab ihrer Mutter schüttelt, tut sie den Ausspruch: »Bäumchen rüttel dich und schüttel dich, wirf Gold und Silber über mich.«

Dann schütten sich aber nicht etwa wirkliche Goldtaler über ihr aus, nein, Aschenputtel bekommt vom Vogel, ihrem Freund, ein goldsilbernes Kleid, in dem sie wie eine Prinzessin aussieht und zum Ball des Prinzen gehen kann, was in der weiteren Folge dazu führt, daß sich der Prinz in sie verliebt. Aschenputtel ist nicht reich, aber durch die Kleider »gut betucht«. Ihre Bedürfnisse und Wünsche werden also solcherart direkt abgedeckt. Aschenputtel setzt für die Gesamtheit ihrer Wünsche einfach die magische Formel »Gold und Silber« ein.

Psychoanalytische Theorien zeigen auf, daß Geld ein Substitut für zensurierte, unerfüllte menschliche Triebbedürfnisse ist. Das Streben nach Besitz, Macht und Sex wird auf Geld projiziert, durch Geld indirekt befriedigt.

Die Verschiebung der Libido vom ursprünglichen Triebziel auf den Ersatz Geld zeigt sich in unserer Sprache. So sprechen wir von Geldhunger, von Broterwerb, von Geldgier, davon, daß clevere Geldhaie uns aussaugen – Worte, die auf den Bereich der Oralität hinweisen, die an das Bild des Babys an der Mutterbrust erinnern. Geld ist die Urmutter; es gibt uns die Illusion einer nie versiegenden Quelle der Zuwendung und Nahrung.

Geld ist auch ein Substitut für den Wunsch nach Macht und Kontrolle. Sigmund Freud ergründete das enge Zusammenspiel zwischen dem Verlauf der analen Phase und dem Umgang mit Macht und Geld: In der analen Phase erlebt das Kind das erste Mal seinen Einfluß und seine Manipulationsmöglichkeiten auf die Umwelt, indem es selbst bestimmt, ob und wann es seinen Darm entleeren will. Es erlebt die Möglichkeit des Festhaltens, des Kontrollierens und des Loslassens. Es kann etwas hergeben oder zurückhalten, genau wie wir das als Erwachsene mit Geld tun können.

E. Bornemann geht in seinem Buch *Psychoanalyse des Geldes* auf die Analtheorie des Geldes ein und geht wie Freud von der Gleichung Kot = Geld aus. Die Gleichsetzung von Kot und Geld erklärt Freud mit der Tendenz des Menschen, überall das Wertloseste (Kot) durch Polarisierung an das Wertvollste (Geld) anzugleichen. — Les extrèmes se touchent. Zahlreiche Hinweise auf diese Angleichung finden sich in den Märchen, in denen es von Goldeseln, Dukatenscheißern und Gänsen, die goldene Eier legen, nur so wimmelt.

Auch in der Alltagssprache stoßen wir immer wieder auf diese Gleichung. So »machen wir unser Geschäft« oder wir »halten eine Sitzung ab«. Wer Bargeld hat, ist »flüssig«. Wir sprechen von »weicher und harter« Währung, als ob es um die Konsistenz des Kotes ginge. Oder »es steckt jemand bis zum Hals in der Scheiße«, wenn er Schulden hat. Für einige »stinkt« Geld nicht, für andere ist Geld »schmutzig«, oder aber wir haben die »Spendierhosen« an. Derartige Beispiele lassen sich sicherlich noch zahlreich finden.

In unserer Kultur ist Sparen eine Tugend: Zurückhalten ist gut; fließenlassen, im Überfluß leben, ist unmoralisch. Diese Werthaltung läßt auf eine kollektive Analität schließen. Wer Geld hat, hat Einfluß, Kontrolle und das Gefühl, »daß alles in Ordnung ist«. Die ursprüngliche Lust am Zurückhalten des Darminhalts hat sich auf das Geld verlagert; auf diese Weise beherrscht man nicht nur sich selbst, sondern auch andere.

Geld ist auch ein Substitut für tabuierte sexuelle Wünsche. Mit Geld kann man sich geheime sexuelle Träume erfüllen (lassen). Auf den komplexen Zusammenhang, der zwischen Geld und Sexualität besteht, wird später vertieft eingegangen werden. Hier nur einige Wortbildungen, die diesen Zusammenhang sichtbar werden lassen: Man spricht von der Vagina als »Goldgrube«. Eine Frau ist ein »Goldkehlchen«, wenn sie es gut versteht, den Mann oral zu befriedigen. Der Mann — im umgekehrten Fall — hat eine »goldene Zunge«. Ein Strichjunge hat einen »goldenen Schwanz«. Die Worte Moos für Geld und Möse klingen verwandt.

Geld ist der Ersatz für eine große Anzahl verbotener, tabuierter menschlicher Bedürfnisse. Verdrängt und sublimiert zugleich, wird durch das Geld das Verbotene gesellschaftsfähig.

Geld zu haben ist wichtig — für Männer und Frauen in gleichem Maße. Der große Unterschied zwischen den Geschlechtern besteht in den Strategien, zu Geld zu kommen (siehe Kap. 2).

Im Märchen Aschenputtel werden für Frauen erlaubte und unerlaubte Arten, an Geld zu kommen, aufgezeigt. Unerwünscht ist das Verhalten, sich Geld so offensichtlich und gierig beschaffen zu wollen, wie dies die Stiefmutter und die Stiefschwestern tun. Erlaubt ist Aschenputtels Strategie. Sie macht es, wie es sich für eine Frau gehört: Sie ist bescheiden, wünscht sich beispielsweise vom Vater weder Perlen noch Kleider, sondern ein Zweiglein, das sie am Grab ihrer Mutter pflanzt. Genau dieses Zweiglein verhilft ihr später als Bäumchen zu ihrem Glück, was heißt: Bescheidenheit lohnt sich im Endeffekt doppelt.

Die Doppelbotschaft, die der kleinen Märchenleserin gesendet wird, heißt: Wenn du als Frau nicht zeigst, daß du Geld begehrst, dann kommst du am sichersten dazu, weil du für deine Bescheidenheit hundertfach belohnt wirst.

Aschenputtel — die Idealfrau

Im Märchen tauchen drei Aspekte der Weiblichkeit auf, die in ihrer sozialen Akzeptanz ganz klar gewichtet werden: schön sein, lieb (fleißig, geduldig) sein, bescheiden sein.

Wie Aschenputtel zu sein ist zwar anfänglich leidvoll; allerdings lohnt sich dieser Weg, da er letzten Endes zum gesellschaftlich verordneten »Traumziel« einer jeden Frau führt — eines Tages in einem sicheren, ruhigen und finanziell lukrativen Ehehafen zu ankern.

Der Weg, den die Stiefmutter und ihre beiden Töchter einschlagen, indem sie aktiv und direkt ins Weltgeschehen eingreifen, scheint am Anfang — wie ungerecht! — erfolgreich, wird zuletzt jedoch bestraft. Die Strafe ist hart: Nicht genug, daß den Stiefschwestern die gute Partie durch die Lappen geht, am Ende picken die Tauben, Aschenputtels Freunde, den Schwestern die Augen aus, so daß sie »also für ihre Falschheit und Bosheit mit Blindheit auf ihr Lebtag gestraft« waren.

Wenden wir uns zuerst den Qualitäten von Aschenputtel zu: Aschenputtel ist schön, so schön, daß der Prinz sich auf den ersten Blick in sie verliebt. Bevor das geschieht, macht sich Aschenputtel natürlich noch etwas zurecht. Sie kleidet sich, schminkt sich — mit der Figur dürfte sie ja ohnehin keine Probleme gehabt haben, da ihr das Essen vorenthalten wurde und ihr das Geld für zusätzliche Nahrung fehlte. In der vollen Blüte ihrer Jugend geht sie zum Ball, wobei sie ihre körperliche Attraktivität zur Schau stellt. Welcher Mann könnte da widerstehen, auch wenn er, um sich die Dame zu erhalten, längerfristig tief ins Portemonnaie greifen muß.

Und es ist nicht irgend ein Mann, der sich in Aschenputtel verliebt, es ist der Prinz, also der mächtigste, reichste und — man kann darauf schließen — auch der sexuell potenteste Mann.

Was merkt sich die kleine Märchenleserin? Eine Frau braucht kein Geld — ist eine Frau schön und sexuell attraktiv, besitzt sie die Macht, einen gesellschaftlich erfolgreichen und solventen Partner zu bekommen. Wenn er diese Qualitäten aufweist, wird er sich natürlich auch als liebevoller Ehemann und stürmischer Liebhaber erweisen.

Aschenputtel ist lieb, fleißig und geduldig. Sie putzt das Haus, kümmert sich ums Essen, pflegt die Kleider für ihre Stiefmutter und die Stiefschwestern, wenn diese schmutzig und zerzaust von einem ihrer ausschweifenden Feste zurückkehren. Das alles macht Aschenputtel, ohne zu murren, ohne zu schreien, ohne sich zu wehren — tagein, tagaus. Aschenputtel zeigt keine Wut, ihre Aggression richtet sie in Form von Depressionen gegen sie selbst. Sie befolgt den Wunsch ihrer Mutter, die ihr auf dem Sterbebett sagte: »Liebes Kind, bleib fromm und gut, so wird dir der liebe Gott immer beistehen, und ich will vom Himmel auf dich herabblicken und will um dich sein.«

Fleißig, lieb und willig zu sein, still vor sich hinzuleiden, das gehört zu einer richtigen Frau. Wie sie es da fertigbringt, auch noch taufrisch und schön zu sein für ihren Ehemann, bleibt eine offene Frage.

Das Mädchen, das sich mit Aschenputtel identifiziert, mit ihr leidet, stellt sich diese Frage nicht. Es akzeptiert, daß eine Frau kein

Recht auf eigene Bedürfnisse hat. Es lernt, daß es zwar mühsam und anstrengend ist, für die Infrastruktur eines Haushalts zu sorgen, daß dies jedoch ein für eine Frau notwendiges Übel sei, das dank geduldigen Wartens nur so lange andauert, bis der Prinz angeritten kommt.

Ein weiterer Lebensumstand von Aschenputtel wird als weibliche Qualität geschildert: Aschenputtel ist arm und bescheiden. Daß Armut nur von Menschen, denen es an nichts magelt, als Tugend qualifiziert wird, ist hinlänglich bekannt. Genauso ist die Bescheidenheit nur eine erzwungene logische Folge der Armut.

Für den Prinzen ist der Reiz, diese Frau von ihrem jämmerlichen Schicksal zu befreien, in zweierlei Hinsicht sehr groß: Erstens tritt er als gütiger Held mit einem weichen Herzen für Unterdrückte auf (vor allem, wenn sie so schön und pflegeleicht wie Aschenputtel sind). Zweitens muß er bei so viel Bescheidenheit und Ohnmacht keine Angst um seine Vormachtstellung in der ehelichen Gemeinschaft haben.

Auch an dieser Stelle schließt die kleine Märchenkonsumentin auf das weibliche Selbstverständnis: Eine Frau darf kein Geld haben. Wenn eine Frau arm ist und keine Ansprüche auf Bezahlung hat, steigt die Chance, einen reichen Mann zu finden. Den Preis, den die ökonomische Abhängigkeit den Frauen abfordert, kennt das Mädchen zu diesem Zeitpunkt freilich noch nicht.

Der Umgang mit Macht

Wenden wir uns nun der Stiefmutter zu: Sie repräsentiert einen tabuierten Aspekt der Weiblichkeit — den Machtaspekt, die Seite der Frau, die aktiv ins Geschehen eingreift, die ihre Macht direkt und offen, mit Kraft und List lebt, die Seite, die aus dem Selbstverständnis der meisten Frauen ausgeklammert ist.

Die hervorstechendsten Merkmale der Stiefmutter sind: ihre Aktivität, ihre Geldgier, ihre Falschheit, ihr Sadismus und ihr mächtiges Verhalten — alles Eigenschaften, die den Gegenpol zu Aschenputtel darstellen, die — frau kann es verstehen — jeden Mann in die Flucht treiben würden. Sicher würde der Prinz in diese Frau weder seine Gefühle noch sein Geld investieren. Da lobt er sich sein Aschenputtel. Der Gedanke, daß dieses mit fortschreitendem Alter auch einmal so werden könnte, plagt den Prinzen kaum. Und sollte sich ein solcher Gedanke dennoch hin und wieder einschleichen, so wird er schleunigst verdrängt. Sollte es wirklich so weit kommen, würden sich bestimmt entsprechende Lösungen ergeben. Es gibt ja zum Glück noch einige andere junge Aschenputtel auf dieser Welt. Hauptsache, es ist auch dann genügend Geld vorhanden.

Zurück zur Stiefmutter. Sie ist eine mächtige Frau, kennt einflußreiche Leute und hat ganz klar umrissene Ziele: Sie will noch reicher, noch einflußreicher, noch mächtiger werden. Das gleiche will sie für ihre leiblichen Töchter, denen sie im Vergleich mit sich selbst eine noch größere Chance zur Macht einräumt, da diese ihr Jugend und einen schönen Körper voraushaben. So setzt die Stiefmutter alles daran, ihre Ziele zu erreichen. Sie geht sogar so weit, ihre eigenen Töchter zu opfern. Als der Prinz mit dem Schuh der schönen Unbekannten, der den Schwestern zu klein ist, ins Haus kommt, verlangt sie von ihren Töchtern: »Hau dir die Zehe ab; wenn du Königin bist, so brauchst du nicht mehr zu gehen«.

Es ist durchaus vorstellbar (und findet ja auch statt), daß eine Frau ihre Ziele auf weit weniger spektakuläre und gemeine Art erreichen könnte – zum Beispiel durch intellektuelle Leistung (die verzwickten Intrigen und Manipulationen der Stiefmutter lassen auf ein reichliches Maß an analytischem und vernetztem Denkvermögen schließen).

Im Märchen wird jedoch deutlich, daß nicht das Vorgehen der Stiefmutter das effektive Problem darstellt, sondern die Ziele, die sie sich setzt, sind männliche Ziele und damit für sie als Frau tabuiert.

In unserer von männlichen Werten geprägten Gesellschaft gibt es drei Formen von Kapital: das ökonomische Kapital, das Beziehungskapital und das Bildungskapital. Die drei Kapitalien verstärken sich gegenseitig. Mächtig und einflußreich ist, wer möglichst viel von diesen drei Grundkapitalien besitzt (siehe Kap. 5). Frauen hatten die längste Zeit keinen Zugang zu diesen Kapitalien. Geld und Bildung wurden ihnen als zukünftigen Ehefrauen verwehrt. Nicht sie bekamen bei der Heirat das Geld, sondern – in Form der Aussteuer – die Ehemänner, gleichsam als Abgeltung für die Belastung, die diese auf sich nahmen, indem sie durch die Eheschließung die Frau von der Familie wegholten.

Das Beziehungskapital der Frau beschränkte sich – und beschränkt sich zumeist noch heute – auf den engen Kreis ihrer Familie. Ihr einziges Grundkapital war ihr Körper, der sie durch seine sexuelle Anziehung, seine Fruchtbarkeit und seine Arbeitskraft für den Mann begehrenswert machte, zumindest solange sie jung und gebärfreudig war.

Die Emanzipation der Frauen ermöglicht ihnen immer mehr Zugang zu den ursprünglich männlich dominierten Startkapitalien (siehe Kap. 4). Durch diese Entwicklung gerät das bestehende Machtgefüge gewaltig ins Wanken. Wenn Frauen nebst ihrem Körper auch Bildung, Geld und Beziehungen zu gesellschaftlich relevanten Kreisen haben, könnten sie im Endeffekt mächtiger werden als die Männer. Die Angst des Mannes vor der Macht der Frau, einst Triebfeder zur Errichtung des patriarchalischen Systems, wird wieder mobilisiert.

Betrachten wir nunmehr die Ziele der Stiefmutter, so ist evident, daß sie eine Bedrohung darstellt. Kein Wunder also, wenn sie im Märchen wie ein Monster gezeigt wird und ihr nur negative Seiten zugebilligt werden. Kein Wunder, daß sie als extrem negativer Gegenpol zu Aschenputtel gezeichnet wird – zu der Idealfrau, die die Ordnung nicht gefährdet, im Gegenteil, diese durch ihr Verhalten bekräftigt und unterstützt.

Die Stiefmutter – als Repräsentantin des ökonomischen und des Beziehungskapitals – kann in Verbindung mit ihren Töchtern, erreicht sie ihre Ziele, sehr gefährlich werden. Indem der Prinz sich mit Aschenputtel verbündet, kann die Gefahr einer Umverteilung der Macht verhindert werden. Die Bedrohung ist gebannt, die Ruhe wieder eingekehrt. Über den Preis dieser Lösung schweigt man sich aus.

Die Botschaft, die unsere kleine Freundin beim Lesen des Märchens mitbekommt, ist deutlich: Eine Frau, die eigenes Geld besitzen will, ist eine schlechte Frau. Nur böse, verabscheuungswürdige Frauen setzen sich zum Ziel, einflußreich, mächtig, erfolgreich und unabhängig zu sein. Solche Frauen sind für einen Mann nicht begehrenswert und werden am Ende bestraft.

Auf diesen Zusammenhang geht Colette Dowling in ihrem Buch *Der Cinderella Komplex* (1984) ein. Sie spricht über die heimliche

Angst der Frauen vor Unabhängigkeit. Sie zeigt auf, daß sich Frauen – auf Grund ihrer Angst, abgelehnt und zurückgestoßen zu werden, wenn sie erfolgreich sind – ihren Erfolg oft durch Selbstsabotage verunmöglichen (siehe Kap. 2).

Daß die Angst vor Abwertung und sozialem Ausgeschlossensein nicht unbegründet ist, beweisen die Erlebnisse von erfolgreichen und mächtigen Frauen. Solchen Frauen wird nicht selten die Qualität der Weiblichkeit abgesprochen. Man spricht von Mannweibern, von Karrieregeilheit (!); es gibt die *hübsche Dumme* einerseits, die *häßliche Intelligente* auf der anderen Seite. Und ist die intellektuelle Frau »zufällig einmal« nicht häßlich, dann sicher lesbisch oder frigid. Auf jeden Fall weichen solche Frauen vom »Normalen« ab und sind somit keine »richtigen« Frauen, was man sie spüren läßt – manchmal direkt, manchmal über subtile Mechanismen der Diskriminierung.

Ein von uns befragter Bankdirektor stellte fest: »... Wenn ein Mann genug Geld hat, kann er jede Frau haben ...«

Es ist klar, daß dieses Lebenskonzept nicht mehr ohne weiteres aufrecht erhalten werden kann, wenn Frauen ökonomisch unabhängig sind. Daher werden Frauen, die eine solche Unabhängigkeit anstreben, in Frage gestellt. Die Abwertung und die damit verbundene Verunsicherung sind am wirksamsten, wenn sie die Geschlechtsidentität berühren, den Bereich, in dem die Verletzlichkeit am größten ist.

Der Konflikt der Frauen zwischen der eigenen Stärke einerseits und der Angst vor sozialem Außenseiterinnentum andererseits wird sichtbar. Durch die Aufspaltung der »hellen« und der »dunklen« Aspekte der Weiblichkeit auf verschiedene Frauentypen zeigt sich der Zwiespalt vieler Frauen geradezu bildlich. – Macht hat im Selbstverständnis einer Frau keinen Platz. Die Machtstrategie der Frau ist ihre Ohnmacht (siehe Kap. 2).

Der Umgang mit der Sexualität

Die Stiefmutter von Aschenputtel hatte zwei Töchter mit ins Haus gebracht, die »schön und weiß von Angesicht waren, aber garstig und schwarz von Herzen«.

127

Daß die Schwestern die triebhaften, sexuellen und hurenhaften Seiten der Weiblichkeit repräsentieren, wird deutlich, ohne daß es direkt ausgesprochen wird. Am deutlichsten ist dieser Umstand an der Polarisierung Aschenputtel – Stiefschwestern zu erkennen. Steht Aschenputtel doch für die »reine« Frau, deren Sexualität sich nur sehr zurückhaltend und nur im Zusammentreffen mit dem einzigen und richtigen Mann zeigt.

Ganz anders die Stiefschwestern: Ihre ausgeprägte Geldgier läßt die Vermutung zu, daß sie bereit seien, für Geld vieles zu tun, vielleicht auch, sich und ihren Körper zu verkaufen.

Der qualitative Unterschied zwischen Aschenputtel und den Stiefschwestern manifestiert sich deutlich an einem Körperteil: an der Beschaffenheit der Füße. Aschenputtels Füße sind klein und zierlich. Als der Prinz mit dem Pantoffel, den er der unbekannten Schönen beim Ball entwendet hatte, herumzog, freuten sich die Schwestern, »denn sie hatten schöne Füße«. Die Füße waren für den zierlichen Schuh jedoch zu groß. Aschenputtels Attraktivität zeigt sich nochmals in der Kleinheit ihrer Füße. Feine, kleine Füßchen weisen auf die Körpergröße hin und lassen den Schluß zu, daß Aschenputtel klein war. Daß kleine Frauen eher den Beschützerinstinkt wecken (auch wenn sie tatsächlich genauso selbständig und unabhängig sind wie große), daß sie eher die mit dem Klischee der Kindfrau verbundenen Gefühle aktivieren, ist bekannt. In der chinesischen Tradition wurden den weiblichen Kleinkindern die Füße eingebunden, um deren Wachstum zu verhindern. Die daraus resultierenden verkrüppelten Füße behinderten die erwachsenen Frauen beim Gehen – dies auch im übertragenen Sinn: Die (Entwicklungs-)Schritte weg vom Eltern- und später vom Ehehafen blieben entsprechend klein und ungefährlich.

Der Zusammenhang zwischen Fußbekleidung und sexueller Attraktivität läßt sich in Werbung und Mode leicht erkennen. Ein Frauenbein in einem hochhackigen Schuh ist erotisierend und regt (nicht nur) zum Kauf des Produktes an, das die gezeigte Dame in der Werbung anpreist. Auch unsere Interviewpartnerinnen und wir selbst schätzen schöne Schuhe und geben einiges Geld dafür aus.

Im Märchen wird über den Pantoffel, der »klein und zierlich und ganz golden« ist, der Unterschied zwischen Aschenputtels Schönheit und der Schönheit der Schwestern aufgezeigt. Die Schwestern sind schön, aber grob, sozusagen »unfein«. Aschenputtel dagegen ist schön und fein (= rein).

Auch sonst werden die Stiefschwestern als derart unsympathische Charaktere und beschränkte Geister dargestellt, daß die Männer, die mit ihnen zusammen sind, entweder genauso unattraktiv sein müssen oder aber Freier, die für die Liebe zu zahlen bereit sind. Sicher ist, daß sich der Prinz nicht wirklich für sie interessieren kann.

Die Stiefschwestern verletzen zwei Tabus. Das Urteil für die erste Verletzung heißt: Eine Frau, die zu ihren sexuellen Bedürfnissen steht, ist unmoralisch. Das Urteil für die zweite Übertretung lautet: Eine Frau, die ihren Körper für das Erreichen ihrer Ziele einsetzt, ist gefährlich und unkontrollierbar.

Sexualität ist in unserem Kulturkreis ein nach wie vor stark tabuiertes Thema. Die sexuellen Bedürfnisse der Frauen wurden über lange Zeit und in nahezu allen Kulturkreisen unterdrückt und kontrolliert. Diese Unterdrückung ist eine Folge des Prozesses, den Sigmund Freud mit seinem Satz »Die Kultur geht auf Kosten des Weiblichen« treffend beschrieben hat.

Im Verlauf des Zivilisationsprozesses versuchte der Mensch, die Natur, durch die er sich und die Organisation seines Lebens bedroht fühlte, immer mehr unter Kontrolle zu bringen. Wegen ihrer biologischen Beschaffenheit stand die Frau der Natur stets näher — sie wurde ihr sozusagen zugerechnet —, sie war ein Stück Natur. Frauen konnten (und können) ihren Zyklus beeinflussen, kannten Kräuter und erstellten daraus Essenzen. Sie konnten Kinder gebären und/oder abtreiben — sie hatten Einfluß auf einen Teil der Natur, von dem der Mann ohnehin lange ausgeschlossen zu sein meinte.

Die Fähigkeit zu gebären, die Fruchtbarkeit und die Nähe der Frau zum Körperlichen machten sie dem Mann im Umgang mit der Natur überlegen. Im gleichen Maße, in dem der Mann die Natur unter Kontrolle brachte, wurde auch die Frau unterdrückt. Natur, Trieb, Irrationalität, Sexualität — alles, was gefährlich, unberechenbar und unkontrollierbar schien — wurden der Weiblichkeit zugesprochen. Das Weibliche wurde abgespalten, in den Untergrund gedrängt, um es zu entmachten.

Im christlichen Kulturkreis wurde die Sexualität »verteufelt«. Der Klerus wollte sich seine Machtposition nicht streitig machen lassen und versuchte, die schwer kontrollierbaren Kräfte der menschlichen Triebe in den Griff zu bekommen.

Kontrolle funktioniert stets über Angst. Es werden Sündenböcke geschaffen, an denen Exempel statuiert werden können. Die Sündenböcke zur Kontrolle der Sexualität waren die Frauen.

Die Zeit der Hexenverfolgungen legt dafür ein furchtbares Zeugnis ab. Die Art der Verhöre und die Foltermethoden lassen die Verdrängung der Sexualität und deren Projektion auf die Frauen, in denen eigene unterdrückte Triebe bekämpft wurden, deutlich werden. So gab es beispielsweise Hocker, aus deren Sitzfläche ein mit Dornen besetzter Stab emporragte, auf den sich die angeklagten Frauen während des Verhörs setzen mußten.

Die Abspaltung des Naturhaften hatte Einfluß auf alle relevanten Ebenen. Sie legte den Grundstein für patriarchalische Wert- und Gesellschaftssysteme, bewirkte die Abwertung weiblicher Qualitäten, auch der weiblichen Anteile im Mann, und führte zu einer Entpersönlichung, einer einseitig, abstrakt-männlichen Prägung unserer Welt. Das Konkrete, das sinnlich Faßbare, wurde dem Abstrakten untergeordnet.

Brigitte Nöllecke weist in ihrem Buch *In alle Richtungen zugleich* (1985) auf den Zusammenhang zwischen der Entstehung der Ackerbaukultur, der Herausbildung leistungsorientierter männlich-hierarchischer Gesellschaftsstrukturen und der damit einhergehenden Abstraktion der Welt hin. Danach zeigt sich die geschwächte Position der Frau auch daran, daß sie zum Tauschobjekt von Männern wurde. In dieser Funktion waren Frauen quasi eine Vorform von Geld.

»... Mit dem Aufkommen des Tausches in seiner archaischen Form waren folgende Abstraktionsleistungen verbunden: die Abstraktion von der konkreten Frau, indem sie als Objekt beziehungsweise Wert im Austausch fungiert; die Abstraktion vom Gebrauchswert nützlicher Dinge, vom unmittelbaren Genuß zugunsten eines abstrakten Reichtums; die Abstraktion von der Substanz der Dinge zugunsten ihrer Bedeutung als Prestigewert.« (Nöllecke, 1985)

Frauen waren die erste Form von Eigentum und zugleich Opfertier. Frauen wurden, zusammen mit Schweinen, als Opfer dargebracht. Später wurden sie von Totems, dann von Geldopfern abgelöst. Diese Entwicklung ist noch heute an unserem Sparschwein abzulesen, auf dessen Rücken sich ein Schlitz (Vagina) befindet, in den Geld (Opfer) gesteckt wird. (Vgl. H. Kurnitzky, 1974) Die Unterdrückung der Frau wies ihr klar die Rolle der Dienenden zu. Zum Status der Dienenden gehört es, daß sie keine eigenen Bedürfnisse haben, sondern für die Bedürfnisbefriedigung der Herrschenden sorgen. Wenn Frauen zu ihren sexuellen Bedürfnissen stehen, ist dies in doppeltem Sinne vermessen: Einmal treten sie damit aus ihrer subalternen Rolle heraus, zum zweiten ausgerechnet im Bereich der Triebe, der für die soziale Ordnung bedrohlich ist. Zudem: Würden die Frauen ihre sexuellen Wünsche und Träume ausleben, wären sie nicht mehr Besitz des Mannes und würden dadurch die Konkurrenzsituation unter Männern arg verstärken.

Eine Bedrohung und damit ein Tabu stellt also die Frau als bewußtes sexuelles Wesen dar. Die zweite Tabuverletzung begehen die beiden Stiefschwestern im Märchen durch ihr Verhalten, sich offen zu prostituieren, ohne Prostituierte zu sein. Sie benützen ihre weiblichen Machtquellen und setzen diese offen, direkt und aktiv ein, um reich zu werden.

Es gibt verschiedene Formen der Prostitution. Die bekannteste Form ist der Beruf der »Liebesdienerinnen« (!). Diese Form der Prostitution ist und war Bestandteil jedes sozialen Systems. Dirnen werden zwar in eine soziale Außenseiterinnenposition gedrängt, dennoch gehören sie in dieser Rolle – sozusagen als notwendiges, da systemerhaltendes »Übel« – zur menschlichen Gesellschaft.

Eine andere, weit verbreitete Form, in der Frauen sich und ihren Körper verkaufen, sind die vielen Arrangements, die Ehefrauen eingehen, wenn sie mit ihren Männern »schlafen«, auch wenn sie schon längst keine Lust mehr dazu haben. Das ist ihre Gegenleistung für soziale und ökonomische Sicherheit, die ihnen von ihren Männern garantiert wird. Die Grenzen zur Problematik der Vergewaltigung in der Ehe sind fließend. Wo das Arrangement mit der sozialen Situation aufhört und wo für eine Frau das Gefühl, vergewaltigt zu werden, beginnt, ist von Fall zu Fall verschieden und daher so schwer besprechbar.

Der Unterschied zwischen den beiden Formen der Prostitution liegt in der unterschiedlichen Wertung der Tatsache, daß von Männern Geld eingesetzt wird, um Liebe und/oder Sexualität zu bekommen. Bei den Prostituierten ist dies ersichtlich, in den meisten übrigen Arrangements zwischen Männern und Frauen wird der Zusammenhang verschleiert.

An der Verschleierung beteiligen sich sowohl Männer als auch Frauen. Die Gründe dafür sind allerdings verschieden. Für das Selbstwertgefühl des Mannes ist es äußerst verletzend, festzustellen, daß er nicht als Person und wegen seiner sexuellen Qualitäten, sondern seines Geldes wegen begehrt wird. Den Frauen würde beim genaueren Betrachten dieser Zusammenhänge ihre Ohnmachtsposition schmerzlich bewußt werden; zudem würden sie dem Wa(h)rencharakter, den diese Position mit sich bringt, begegnen. Nicht zuletzt müßten sich Frauen die Frage stellen, ob sie ihre Situation nicht durch eine Veränderung des eigenen Verhaltens verbessern könnten – was allerdings den möglichen Verzicht auf das warme und sichere Nest implizieren würde.

Aus diesen Ausführungen läßt sich erklären, welche Funktion Aschenputtels Stiefschwestern haben: Sie stellen die abgespaltene weibliche Sexualität dar. Indem sie diese offen leben und damit auch noch Geld verdienen, entschleiern sie einen äußerst delikaten Zusammenhang im Machtgefüge der Geschlechter, den Zusammenhang von Sexualität und Geld. Auch hier ist das Bündnis zwischen dem Prinzen und Aschenputtel notwendig, um die Verschleierung aufrechtzuerhalten und die Gefahr der Veränderung von Bestehendem abzuwenden.

Die Lektion, die es an dieser Stelle für die Leserin zu lernen gilt, heißt: Gute Frauen haben keine sexuellen Bedürfnisse. Männer haben sexuelle Wünsche, deren Befriedigung ins Pflichtbuch der Frau gehört. Honoriert wird dies durch finanzielle und soziale Sicherheit. Und: Dieser Handel darf auf keinen Fall laut ausgesprochen werden; er muß ein stillschweigendes Übereinkommen bleiben.

Fassen wir zusammen: Schön, sexuell attraktiv, lieb, fleißig, bescheiden und finanziell abhängig zu sein ist das von Frauen erwünschte soziale Verhalten. – Nicht die Frauen wünschen das, man(n) wünscht es von ihnen. — Der Preis für dieses Verhalten ist Abhängigkeit bis zur Ohnmacht; der Gewinn: soziale Sicherheit ohne die Last der Verantwortung, die Unabhängigkeit mit sich bringt. Das Machtverhältnis zwischen den Geschlechtern bleibt gleich, das Tabu wird aufrechterhalten — der Kreis schließt sich.

Aktiv, zielorientiert, fordernd und mächtig zu sein ist ein für Frauen tabuiertes Verhalten. Handeln sie trotzdem so, müssen sie mit Ausschluß und Abwertung rechnen und sich dem Verdacht der Vermännlichung aussetzen (siehe Kap. 2).

In der Terminologie von Erich Fromm dürfen Frauen »sein«. »Haben« ist für sie tabu. Der Haben-Bereich ist den Männern zugeordnet. Geld gehört in den Bereich des Habens, somit in den männlichen Kompetenzbereich. Die Funktion der Frauen im Geldgeschäft ist — bis heute — die des »Seins«.

Aschenputtel und kein Ende?

Die Analyse der Aussagen unserer Interviewpartnerinnen und die Auseinandersetzung mit diesem Thema innerhalb unserer Gruppe haben gezeigt, daß die Tabus von Aschenputtel auch für uns moderne Frauen noch wirksam sind.

Das zentrale Tabu ist nach wie vor das Streben nach Macht, das Streben nach allem, was mit der direkten, offenen Einflußnahme der Frauen auf das Weltgeschehen zu tun hat. Fremdbestimmung geht vor Selbstbestimmung. Nach wie vor kostet es die Frauen Überwindung, Wünsche zu hegen und zu äußern und zu Bedürfnissen zu stehen, die außerhalb des klassischen Rollenverhaltens liegen. Es bereitet Mühe, für sich selbst zu fordern, klare Ziele auszuformulieren. Es fehlt die Übung, sich in Domänen zu bewegen, die bislang den Männern vorbehalten waren, was die Unsicherheit und die Angst vor Ablehnung verstärkt. Selbst Frauen, die in schwierigen Lebenssituationen »ihren Mann« gestanden haben, stoßen immer wieder an die Grenzen der sozialen, aber auch ihrer inneren Zensur. Auch sie fühlen sich, wenn sie das »Idealbild Aschenputtel« nicht erfüllen, unsicher und minderwertig.

»...Mit einem Kind wäre es leichter. Da hätte ich den Mut, Geld zu fordern. Denn dann ginge es ja nicht um mich, sondern um das Kind ...«

Forderungen für sich selbst zu stellen ist unbescheiden. Kann eine Frau für andere – für Kind, Eltern usw. – fordern, so ist sie dazu legitimiert (siehe Kap. 2).

»...Ich gebe für Kleider Geld aus – obwohl ich oft sage, die brauche ich gar nicht ...«

Sich selbst etwas zu gönnen, das wäre egoistisch. Eine Frau sollte nicht an erster Stelle sich selbst lieben. Frauen strengen sich an, von ihrer Umgebung geliebt zu werden, statt sich selbst etwas mehr Zuwendung zu geben. Diese Tendenz macht innerlich und äußerlich abhängig und verhindert vermehrte Selbstbestimmung.

»...Wenn ich einen Lottogewinn machen würde, würden wir, mein Partner und ich, das Geld mit seinen und meinen Eltern teilen ...«

Diese Aussage macht eine junge, beruflich qualifizierte, selbständige Frau, die – wie Aschenputtel, so scheint es – keine egoistischen Bedürfnisse hat. Sie kommt erst gar nicht auf den Gedanken, für sich etwas zu tun.

»...Als wir zusammengezogen sind, hat mein Partner weniger verdient als ich; das hat an seinem Ego geknabbert ...«

Frauen (und Männer) fühlen sich unbehaglich in einem rollenverkehrten Abhängigkeitsverhältnis. Ist ihre ökonomische Situation stärker, so hat die Frau Schuldgefühle. Sie bewegt sich in einem Machtbereich, von dem sie meint, er stehe ihr eigentlich nicht zu. Daß Frauen in einem Restaurant, wenn sie zahlen, ihr Geld dem Mann ganz unauffällig in die Hand drücken, damit er es dem Kellner überreichen kann, zeigt, daß sie etwas Verbotenes zu tun meinen; aus diesem Grund tun sie es heimlich, um sich selbst und ihrem Mann die Peinlichkeit zu ersparen. Zahlt eine Frau offiziell, so wird sie nicht selten erleben, daß der Kellner das Restgeld dem Mann gibt, als sei es das Selbstverständlichste der Welt, als müsse die gewohnte Ordnung wiederhergestellt werden.

Wie wir festgestellt haben, ist das Geld, da es mit Haben, Macht und Potenz assoziiert wird, eine Männerdomäne. Geld zu haben, zu wollen, es aktiv einzusetzen ist an sich schon ein Tabu für Frauen.

Das zweite große Tabu hängt mit dem Thema Sexualität und Geld zusammen. Auch bei diesem Thema geht es im Endeffekt um die Bedrohung der bestehenden Machtverhältnisse zwischen den Geschlechtern. Wenn eine Frau über erotische Ausstrahlung (weibliche Macht) und über Geld (männliche Macht) verfügt, ist sie zu dominant.

»... Wenn also ein Generaldirektor eine Hübsche heiratet, eine, die – böse gesagt – nur zu einem Zweck zu gebrauchen ist, ... die kümmert sich sicher nicht um die Finanzen. Die weiß sicher nur, was monatlich auf dem Konto ist ... «

Dieses Zitat stammt von einem männlichen Experten. Das Thema »Käuflichkeit« wurde – so direkt – ausschließlich von Männern angesprochen. Für Männer scheint die Tatsache, daß sie Geld gegen Sex tauschen, weniger tabuiert. Oder können sie es sich einfach eher erlauben, dieses Tabu anzusprechen?

»... So geht es mit den Konkubinatsfrauen, die sehr verliebt sind; nachher zieht der Partner weg; dann realisiert die Frau, daß sie zu alt ist oder daß es hübschere gibt als sie ... «

Daß Frauen begehrt (und bezahlt) werden, solange ihr Körper jung und anziehend ist, ist für Männer klar und wird laut ausgesprochen. Die befragten Frauen wußten das auch. Sie sprachen es aber nur indirekt an, indem sie angaben, daß sie relativ viel Geld für Kleider und Schönheitsprodukte ausgeben. – Warum sie dies tun, davon war nie die Rede (siehe Kap. 5).

Bei den Diskussionen in unserer Gruppe stellten wir fest, daß der Bereich der Prostitution (im weitesten Sinne) auch für uns persönlich tabuiert war. So stellten wir in keinem unserer Interviews eine direkte Frage zu diesem Thema. Als wir uns gemeinsam damit auseinandersetzten, entdeckten wir, daß jede von uns schon Erlebnisse gehabt hatte, bei denen ihr – mehr oder weniger deutlich – Geld für Sex angeboten worden war. Auf die Frage »Was würdest du für Geld alles machen?« reagierten wir mit der gleichen Vehemenz und zählten auf, was wir dafür sicher nicht tun würden – unsere Ideale und unsere Körper verkaufen. Das wäre, als würden wir uns selbst verkaufen.

»... Das Aussehen spielt eine Rolle. Wenn man nicht häßlich ist, hat man mehr Chancen ... «

Daß ihr Aussehen, ihr Körper und ihre erotische Anziehung ihr weibliches Machtpotential sind, ist den Frauen klar. Das zu wissen und entsprechend einzusetzen, um von Männern Zuwendung zu erhalten, entspricht dem Verhalten, das von Frauen erwartet wird, und ist demnach kein Tabu. Das Tabu beginnt dort, wo Frauen ihre Weiblichkeit benutzen, um in männliches Hoheitsgebiet vorzudringen. Die viel zitierte Mär von beruflich erfolgreichen Frauen, die sich in ihre Position »hinaufgeschlafen« haben, zeugt von der Angst, daß Frauen mittels ihres Körpers zu Macht und Einfluß gelangen könnten.

Frauen, die sich im Berufsleben profilieren und verwirklichen wollen, begeben sich auf eine Gratwanderung. Wenn sie als »wirkliche« Frauen leben, zu ihrer Weiblichkeit stehen, geraten sie leicht in den Verdacht, daß sie ihren Erfolg ihrem Geschlecht zu verdanken haben. Entschließen sie sich, sich möglichst »neutral« zu geben, so müssen sie nicht nur einen Teil ihrer Persönlichkeit unterdrücken, sie müssen sich zudem damit abfinden, daß ihnen der Verdacht der Vermännlichung anhaftet.

Sexuelle Attraktivität fordert man von Frauen allerdings nur im privaten, kontrollierbaren Rahmen. Erotisch zu sein ist eine Dienstleistung, die Frauen für Männer erbringen sollen, aber keinesfalls für sich selbst und ihre eigenen Ziele.

Siebtes Kapitel

Fachleute über Frauen und Geld

»Die guten ins Töpfchen, die schlechten ins Kröpfchen.« Da kamen zum Küchenfenster zwei weiße Täubchen herein, und danach die Turteltäubchen, und endlich schwirrten und schwärmten alle Vögel unter dem Himmel herein und ließen sich um die Asche nieder. Und die Täubchen nickten mit ihren Köpfchen und fingen an pik, pik, pik, pik, und da fingen die übrigen auch an pik, pik, pik, pik, und lasen alle guten Körner in die Schüsseln. Und ehe eine halbe Stunde herum ging, waren sie schon fertig und flogen alle wieder hinaus.

Die Aussagen von Fachleuten sollen das Bild von Frauen und Geld abrunden. »Fachleute« sind in diesem Zusammenhang Personen, die beruflichen Kontakt mit Frauen und Geld haben. Dieses Kapitel versucht eine Entwirrung von Klischees, Vorurteilen und Vorstellungen, die auch Fachleute äußern, und deren tatsächlichen Erfahrungen mit Frauen und Geld. Schwerpunkte bilden dabei das Verhältnis von Frauen zu Geldanlage und Risiko beziehungsweise umgekehrt die Einstellung von Banken und Versicherungen zu Frauen als Kundinnen.

Die vorangehenden Kapitel diskutierten verschiedene Aspekte des Themas Geld aus der Sicht von Frauen. Diese Sicht »von innen«, also das Bild, das die Frauen von sich selbst zeichnen, wollten wir durch eine Sicht »von außen« ergänzen und abrunden. Dazu befragten wir Verantwortliche für Marketing, Kredit- und Geldanlageberatung in Banken, einen Versicherungsvertreter, den Personal- und Finanzleiter eines Großbetriebs, die Gründerin einer Versicherungsagentur für Frauen, einen Steuerberater, zwei Scheidungsanwälte und eine Sozialarbeiterin.

Diese Personen werden in diesem Kapitel »Fachleute« genannt, obwohl sich die Expertise, die wir eigentlich erwartet haben, oft hinter stereotypen Vorurteilen verbirgt. Mit Hilfe dieser Fachleute, so meinten wir nämlich, würden wir die Aussagen, die wir in diesem Buch über Frauen und Geld machen, weiter differenzieren können. Das erwies sich jedoch als schwieriger, als wir gedacht hatten. Entgegen unseren Erwartungen vermischte sich in ihren Berichten die Beschreibung der tatsächlichen Erfahrungen im beruflichen Kontakt mit Frauen mit der Wiedergabe von Klischees, die mit der traditionellen weiblichen Geschlechtsrolle verbunden sind.

Diese Vermischung wird ganz besonders deutlich, wenn Widersprüche in Gesprächen mit ein und derselben Person auftreten. So stellte etwa ein Personalleiter (– auf die allgemeine Frage, welche Bedeutung Geld für Frauen habe –) fest:

» . . . Denn beim Ernährer herkömmlicher Art – sag ich einmal das Mannsbild – kommt es sicher viel entscheidender auf die Höhe des Verdienstes an, als wenn ich eine Frau habe als Bewerberin, bei der die familiäre Situation materiell positiv abgeklärt ist und die lediglich zum Beispiel für eine Teilzeitbeschäftigung herkommt, um einfach eine berufliche Erfüllung zu haben. Das heißt, da kann es durchaus sein, daß der Verdienstpunkt nachher nicht mehr diese kritische Rolle spielt . . . «

Indem er die männliche Ernährerrolle in den Vordergrund rückt, erweckt er den Anschein, daß Berufsarbeit für Frauen lediglich ein Hobby darstelle. Dies entspricht dem Klischee, daß Frauen nur »Dazuverdienerinnen« seien. Die konkreten Erfahrungen, die derselbe Personalleiter mit seinen Mitarbeiterinnen macht, sind hingegen ganz anderer Natur:

» . . . Die meisten Frauen, die hier arbeiten, muß man rundum sagen, sind auf das Geld aufgrund äußerer Zwänge oder aufgrund einer persönlichen Entscheidung wirklich voll angewiesen . . . «

Diese Aussage spiegelt eine Situation, wie sie nicht nur in unseren Interviews mit Frauen, sondern auch in vielen anderen wissenschaftlichen Untersuchungen deutlich wird: Selbstverdientes Geld ist als ökonomische Lebensgrundlage für Männer *und* Frauen unentbehrlich.

Vorurteile

Im Alltag wird fehlende Information oft durch vereinfachende Deutungsmuster (Stereotype, Vorurteile) ergänzt oder ersetzt. In unserer Gesellschaft existieren verfestigte Vorstellungen darüber, welches spezifische Verhalten von Frauen und Männern im Umgang mit Geld erwartet wird. Vorurteile haben systemstabilisierende Wirkung. Diese Erwartungen beziehen sich nämlich nicht nur auf die Geschlechterrollen an sich, sondern auch auf die damit verknüpften Macht- und Herrschaftsverhältnisse, also männliche Dominanz und weibliche Unterordnung.

Die Vorurteile über Frauen und Geld umfassen die beiden Pole Verachtung und Idealisierung. Auf der Seite der Verachtung gilt es als Hauptinteresse der Frauen, sich an Männern bereichern zu wollen. Dabei greifen sie – nach den Aussagen eines Scheidungsanwaltes – zu den übelsten Tricks. Um etwa eine Ehescheidung zu bewirken und gleichzeitig möglichst viel Geld »herauszuholen«, wird folgende »raffinierte« weibliche Vorgangsweise beschrieben (und dabei männliche Gewalt verharmlost):

» . . . Ich mein', den Mann einmal so weit zu reizen, daß ihm die Hand auskommt, ausrutscht, das ist bis in höchste Kreise relativ leicht möglich. Und dann rennt sie sofort zum Arzt, zum Amtsarzt, läßt das alles feststellen, und der Mann ist der Böse und hat sie gehaut. Wie lang sie ihn vorher sekkiert hat, ist ja nicht mehr . . . «

Ebenso gilt das Vorurteil, daß Frauen nicht mit Geld umgehen könnten und es nur zum Fenster hinauswürfen, natürlich hauptsächlich für Kleidung und Kosmetika. Auffallend ist dabei auch, mit welcher Verniedlichung Frauen bedacht werden, wenn sie versuchen, dem Bild, dem Schönheitsideal, das Männer für sie konstruiert haben, zu entsprechen:

»... Na, ausgeben! (lacht) Na sicher, bitte was sind das für Fragen? Was machen sie mit dem Geld? Ausgeben! In erster Linie, naja, für Kleidung, Kosmetika ...«

Diese Aussage gibt ein verzerrtes Bild der Realität wieder (siehe Kap. 1). Sie kann sich nur auf Frauen des gehobenen Mittelstands beziehungsweise der Oberschicht, also eine kleine Gruppe, beziehen – und nur auf die Verwendung jenes Geldes, das nach dem Kauf der im Haushalt benötigten Lebensmittel etc. übrigbleibt.

Auf der Seite der Idealisierung werden Frauen auf ihre Mutterrolle verwiesen. Ein Personalchef lobt das »soziale Empfinden« und »frauliches Sich-Einsetzen« im Zusammenhang damit, wie Frauen für ihre Kinder und deren Freunde sorgen:

»... was summa summarum ein irres Geld kostet, aber sie macht es gern. Da wird das Geld zwar dann ausgegeben, aber es steht eigentlich gar nicht im Vordergrund. Geld ist nur ein Vehikel, um etwas sozial besonders Verträgliches in die Welt zu setzen ...«

Woran sind nun Vorurteile zu erkennen? Meist handelt es sich dabei um vereinfachte und vereinfachende Darstellungen der Realität, sogenannte Simplifizierungen, die sich nach gesellschaftlichen Klischees richten. Diese werden aus ihrem Zusammenhang herausgelöst und sehr oft mit starken Wertungen, zumeist Abwertung, verbunden.

Für das Zustandekommen von Vorurteilen gibt es mehrere Gründe, die zusammenwirken. Generell läßt sich sagen: Je weniger sich jemand mit einem Thema oder mit bestimmten Zusammenhängen befaßt hat, desto eher neigt er dazu, sein tatsächliches Wissen durch in der Gesellschaft gängige Deutungsmuster zu ersetzen oder zu ergänzen. Diese entsprechen, wenn es sich um Aussagen über Frauen und Männer handelt, oft den traditionellen Geschlechtsrollenstereotypen. Diese Vereinfachung geschieht häufig unbewußt und hängt mit dem Phänomen der »selektiven Wahrnehmung« zusammen. Das bedeutet, daß für unsere Wahrnehmung Filter existieren, durch die wir nur ganz bestimmte Ausschnitte der Realität sehen und anhand »selbstverständlicher« Deutungsmuster interpretieren.

Zwischen Vorurteilen und selektiver Wahrnehmung besteht folgende Wechselwirkung: Je stärker die Vorurteile, desto mehr richtet sich die Wahrnehmung darauf, diese selektiv zu bestätigen; je selektiver umgekehrt die Wahrnehmung, desto leichter gelingt es, vereinfachte Deutungsmuster der Realität in Form von Vorurteilen beizubehalten. So helfen Wahrnehmungsfilter nicht nur, die komplizierte Realität leichter faßbar zu machen, sondern wirken auch als Abwehr- und Schutzschild für all das, was unsere Identität und Selbsteinschätzung gefährden könnte.

Die Wahrnehmung jeder und jedes einzelnen ist stark geprägt durch die Erziehung, die Erfahrungen in der Familie, in der Schule und in der Arbeitswelt. All das wird so selbstverständlich »Realität«, daß eine Überprüfung gar nicht mehr notwendig erscheint. Öffentliche Medien wie Fernsehen, Radio, Zeitungen und Zeitschriften tragen dazu bei, diese Deutungsmuster gesellschaftlich zu verallgemeinern.

Auch die jeweilige Situation, in der sich eine Person befindet, beeinflußt deren Wahrnehmung. So werden in einem vertrauten Zweiergespräch wahrscheinlich offenere Informationen ausgetauscht als in einem Interview.

Das läßt sich auch auf unsere Interviews übertragen: Wir haben den Fachleuten eine bestimmte Rolle zugewiesen, nämlich die, Experten wichtiger Informationen zum Thema Frauen und Geld zu sein. Als Fachleute, zu denen wir sie »gemacht« haben, gäben sie sich also eine Blöße, wenn sie eine Frage mit »ich weiß nicht« beantworteten — einfacher scheint es, konkrete Erfahrungen durch Stereotypien und Klischees zu ergänzen beziehungsweise zu ersetzen.

Gefühle haben ebenfalls Einfluß auf die Wahrnehmung. Je sympathischer etwa jemand ist, desto mehr Interesse und Aufmerksamkeit bringt man ihm entgegen. Besonders stark wird die Wahrnehmung durch Ängste verzerrt, wie zum Beispiel Angst vor Liebes- oder Prestigeverlust, Angst vor Strafe oder das Gefühl, bedroht zu sein.

In unserer patriarchalischen Gesellschaft haben Vorurteile — und damit die Abwehr der Realität — auch die Funktion, bestehende Ungleichheitsverhältnisse aufrechtzuerhalten. So ist der Widerspruch zu erklären, daß die von uns befragten Fachmänner zwar wahrnehmen, daß Frauen in der Gesellschaft diskriminiert werden, ihre eigene Beteiligung an diesem Prozeß jedoch zurückweisen:

» . . . Frauen sind die Gelackmeierten in unserer Gesellschaft . . . Frauen sind eher zum Leiden geboren . . . Das kann man überall nachlesen . . . «

» . . . Also, ich bin durchaus ein Frauenfreund, also wirklich, absolut . . . also keine Frage, haben'S vielleicht einen atypischen Mann erwischt (lacht) . . . «

Eine andere Form der Abwehr ist es, Ablehnung hinter Idealisierungen zu verbergen. Die folgende — positiv formulierte — Aussage eines Personalleiters läßt nicht übersehen, wer für ihn der Maßstab aller Dinge ist:

» . . . Ich würde sagen, sie sind moralisch absolut nicht hinter die Männer zu stellen, absolut nicht . . . «

So bauen sich die Männer ein Podest, von dem aus sie auf Frauen herabsehen können. Dabei stellen selbstbewußte Frauen eine Bedrohung dar, die abgewehrt werden muß. Entsprechend werden Verhaltensweisen, die bei Männern als erwünscht gelten, bei Frauen abgewertet:

» . . . Die kämpft aber wirklich mit Methoden, die ich als höchst männlich bezeichnen möchte . . . Sich ständig besser machen wollen, als man ist . . . Und natürlich aggressiv . . . Ja, pokern tut sie, also wirklich männliche Methoden in dem Fall . . . «

Aber nicht nur viele Männer, sondern auch manche Frauen tendieren dazu, andere Frauen abzuwerten. Die Verinnerlichung männlicher Normen und Verhaltensweisen schafft Distanz zum eigenen Geschlecht. Einige der Äußerungen und Wertungen, die die Fachfrauen über (andere) Frauen treffen, klingen so, als ob sie selbst nicht dazugehörten. Die sogenannte »Identifikation mit dem Aggressor« dient Frauen zur Abwehr von Angst vor Männern. Indem sie männliche Werturteile und Verhaltensweisen kopieren, versuchen sie einerseits, sich selbst unangreifbar zu machen; zum anderen bieten sie sich den Männern als »Kamerad« an — in der oft uneingestandenen Hoffnung, endlich Akzeptanz in einer Männergruppe zu erhalten (vgl. Trömel-Plötz 1988).

Erfahrungen

Die Erfahrungen und die Wünsche, wie Frauen mit Geld umgehen sollten, spiegeln die jeweiligen beruflichen Interessen der Fachleute wider. Sie beziehen sich daher fast ausschließlich auf den Umgang mit dem, was wir in diesem Kapitel das »große Geld« nennen. Gemeint ist damit Geld als Selbstzweck, als Sache an sich, die vermehrt werden soll. Die abstrakte Geldwelt, das Mysterium von Wertpapieranlagen, Börsenspekulation, Aktiengeschäft oder Hypothekarkredit, stellt eine Männerdomäne dar. Frauen, die in diese Welt eindringen, müssen sich den dort geltenden Regeln unterordnen. In diesem Zusammenhang wünschen sich die Fachleute von Frauen Risikofreude, logisches Denken und Gelassenheit. Frauen, die sich in diesen Bereich begeben, brauchen »die richtige Einstellung . . . eine realistische, das heißt möglichst fern von der reinen Gefühlsebene«. Der Marketingleiter einer Bank bezeichnet eine solche Einstellung als »positives Budgetbewußtsein«.

Die tatsächlichen Erfahrungen, die unsere Fachleute aus ihrem beruflichen Kontakt mit Frauen und Geld berichten, beziehen sich sowohl auf die Privatsphäre, also die »Innenwelt« (siehe Kap. 3), als auch auf den beruflichen, öffentlichen Bereich, die »Außenwelt«. Es bestehen enge Zusammenhänge zwischen dem »kleinen Geld« und der Privatsphäre und analog dazu zwischen dem »großen Geld« und der Außenwelt. Das »kleine Geld« bildet damit das Gegenstück zu dem, was vorhin »das große Geld« genannt wurde. Es dient als Mittel zum Zweck der Befriedigung eigener oder fremder Bedürfnisse.

Innenwelt — das »kleine Geld«

Die folgenden Berichte stammen von einem Versicherungsvertreter, einem Personalleiter und Leiter des Finanzwesens, von zwei Scheidungsanwälten und einer Sozialarbeiterin. In ihrem beruflichen Kontakt mit Frauen haben sie Einblick darüber gewonnen, welche Rolle Geld in Partnerschaften spielt. Ihre Erfahrungen entsprechen weitgehend den in den vorangegangenen Kapiteln dieses Buches dargestellten Ergebnissen und können daher hier kurz gefaßt werden.

Bezeichnenderweise werden Geld und Macht Zwillings*brüder* genannt. Auf den Zusammenhang von Geld, sozialer Anerkennung, ökonomischer Unabhängigkeit und Einfluß weisen insbesondere der Versicherungsvertreter und die Sozialarbeiterin hin.

Generell läßt sich, in Übereinstimmung mit der Selbstwahrnehmung der Frauen sagen, daß selbstverdientes Geld

- Frauen ökonomisch unabhängig (von Männern) macht,
- ihr Selbstbewußtsein, Selbstwertgefühl und ihr gesellschaftliches Ansehen steigert,
- ihren Einfluß auf Geldausgaben beziehungsweise Geldanlagen der Familie hebt.

Die beiden erstgenannten Faktoren hängen eng zusammen, da in unserer Gesellschaft eine Leistung um so mehr zählt, je höher sie bezahlt wird. Unbezahlte Hausarbeit bringt daher wenig Anerkennung und Sozialprestige.

Obwohl die Funktion der (Haus-)Frauen als Geldverwalterinnen um so wichtiger wird, je knapper das Haushaltsbudget ist, stellte eine Sozialarbeiterin vor allem bei »Nur«-Hausfrauen oft eine Tendenz zur Selbstabwertung fest:

»... Ich sehe das so bei den Eheberatungen: Die Frauen, nicht alle, ja, die Frau hält das Geld zusammen, ja, ja. Die Frau teilt ein ... Aber das ändert nichts dran ... Sie haben auch das Gefühl, sie können's nicht so gut, es ist dauernd zu wenig da, so ungefähr ... «

Selbstverdientes Geld hebt nicht nur das Selbstwertgefühl der Frauen und macht sie ökonomisch unabhängig; es verleiht ihnen auch in der Familie ein Mitspracherecht bei Entscheidungen wie größeren Anschaffungen oder beim Abschluß von Versicherungsverträgen:

»... Bei Doppelverdienern redet die Frau mit, sonst weniger ... «

Ein Versicherungsexperte bemerkte, daß in Alleinverdienerhaushalten der Einfluß der »Nur«-Hausfrauen proportional zum Einkommen der Männer abnimmt. Der Grund dafür könnte sein, daß vor allem Familien mit niedrigem Haushaltseinkommen auf die Kompensationsfähigkeiten der Frauen angewiesen sind wie etwa das Schneidern von Kleidung, »Zaubern« von schmackhaften Gerichten aus einfachen Zutaten. Im Unterschied dazu können in Haushalten mit höherem Einkommen diese Arbeiten zugekauft werden; die Abhängigkeit der Männer von den Frauen ist daher weniger materiell sichtbar (siehe Kap. 3).

Das »kleine Geld« findet für die Aufwendungen Verwendung, die im Reproduktionsbereich – im Haushalt hauptsächlich von Frauen – getätigt werden. Es dient der Befriedigung der unmittelbaren Lebensbedürfnisse (siehe Kap. 4).

Außenwelt – das »große Geld«

Mit dem »großen Geld« wird in der Außenwelt und eher von Männern operiert. Der Begriff »großes Geld« bezieht sich auf jene Geldgeschäfte, die über den Umgang mit dem »kleinen Geld« hinaus abgeschlossen werden. Es geht dabei fast ausschließlich um die Vermehrung von Geld.

Die folgenden Berichte stammen vom Leiter der Kreditabteilung einer Großbank, von einer Anlageberaterin, einer leitenden Bankangestellten, einer Marketingleiterin, von der Gründerin einer Versicherungsagentur für Frauen und von einem Versicherungsvertreter. Sie stimmen darin überein, daß Frauen deutlich weniger Geld zur Verfügung haben als Männer. Das liegt daran, daß nicht alle Frauen berufstätig sind beziehungsweise daß Männer zumeist besser bezahlte Positionen innehaben als Frauen. Diese Tatsache hat großen Einfluß darauf, wie Frauen – wenn sie es haben – mit dem »großen Geld« umgehen.

Geldanlage und Risikobewußtsein

Die Welt des »großen Geldes« ist eine Männerdomäne. Daher erscheint es nicht als verwunderlich, wenn die Fachleute sehr oft Vergleiche mit Männern anführen, um das Verhalten ihrer Kundinnen zu beschreiben.

145

Generell stellen sie geschlechtsspezifische Unterschiede in der Motivation von Geldanlage und Versicherungsabschlüssen fest. Bei Frauen steht Sicherheitsdenken im Vordergrund. Sie bevorzugen daher Formen der Geldanlage, die sie bereits kennen; sie wollen bei Geldanlagen kein Risiko eingehen. Im Gegensatz dazu ist es für Männer reizvoll, mit Geld zu spekulieren und mit dem Risiko zu spielen.

»... Frauen gehen auch nicht so gerne in neue Gebiete hinein, auch wenn die alten Anlagen weniger abwerfen. Wenn sie früher erfolgreich waren, bleiben sie dabei. Sie ... sind mit Geld konservativer. Sie wollen lieber sicher wissen, was sie rausbekommen ...«

Dieses »weibliche« Verhalten läßt sich auf mehreren Ebenen begründen: Grundsätzlich kann man sagen, daß der Schritt in die Armut, etwa durch Verlust des oft niedrig entlohnten und sozial schlecht abgesicherten Arbeitsplatzes oder durch Trennung vom Partner etc., für Frauen meist kleiner ist als für Männer. Sie legen daher großen Wert auf die Absicherung ihrer eigenen und – wenn vorhanden – der Existenzgrundlage ihrer Kinder und wählen beständige und durchschaubare Formen der Geldanlage.

Aber auch Frauen, die es sich leisten könnten, zeigen geringere Spekulations- und Risikofreude als Männer. Das liegt daran, daß sie Geld an sich (mit dem Selbstzweck der Vermehrung) wenig Bedeutung beimessen (siehe Kap. 6). Diese Tendenz wird auch gesellschaftlich verstärkt. Selbst wenn Frauen Spaß daran hätten, das »große Geld« als Spielgeld zu verwenden, wird das nämlich durch die soziale Verurteilung eines solchen Verhaltens als »unweiblich« fast unmöglich gemacht. Bei Männern dagegen hebt es ihre soziale Stellung, wenn sie sich mit erfolgreichen Geldgeschäften brüsten.

Auch Unternehmensgründerinnen bezwecken mit der Gründung nicht, reich zu werden, sondern sie wollen ihren Lebensunterhalt verdienen und wünschen sich mehr Selbstbestimmung an ihrem Arbeitsplatz. Der Zugang zum »großen Geld« gestaltet sich für sie allerdings schwierig. Eine Untersuchung aus den USA (Hisrich/ O'Brien 1982, zit. in KOFRA 29, April/Mai 1987, S. 28) kommt zu dem Ergebnis, daß Banker in der Rangordnung der Personen, mit denen Gründerinnen die meisten Schwierigkeiten haben, den ersten

Rang einnehmen. Dies liegt nicht nur daran, daß Frauen bei der Gründung über weniger Eigenkapital verfügen als Männer, sondern ist auch in spezifischen Vorbehalten der Banken gegenüber Frauen begründet: So wird ein ganzheitliches, umfassendes Entscheidungsverhalten von Frauen, die Tendenz, Auswirkungen von Entscheidungen auf Dritte genau zu überprüfen, von den Banken häufig nicht als positiv eingeschätzt, sondern nur als diffuses, nicht gründlich durchdachtes Konzept wahrgenommen (vgl. Lischke 1985, S. 59, zit. ebda.).

Ein weiterer Grund für das geringere Engagement der Frauen in bezug auf das »große Geld« ist nach den Beobachtungen der Fachleute, daß Frauen bei Fehlspekulationen dazu neigen, ihre Fehler der eigenen Inkompetenz zuzuschreiben. Männern gelingt es im Vergleich dazu besser, die Gründe mißglückter Spekulationen externen Faktoren zuzurechnen. Dies hält ihr Selbstbewußtsein aufrecht und ermuntert sie zum Weiterspekulieren. Frauen in vergleichbaren Situationen wären entmutigt. Eine Anlageberaterin berichtete uns:

»... Wenn es nicht funktioniert, nehmen es Frauen sehr persönlich. Sie sind dann so enttäuscht! Natürlich gibt es Ausnahmen ... Die Herren sehen das sachlicher. Sie sagen dann, es liegt eben am Markt und nicht an ihrer eigenen Inkompetenz ... «

Daraus folgt, daß Frauen oft unsicher sind, wenn sie entsprechende Verträge abschließen, und daß sie Skepsis gegenüber Banken und Versicherungen empfinden:

»... Beim Abschluß tun sich Frauen schwerer als Männer. Frauen haben oft eine echte Vertragsangst. Männer wissen besser, was sie wollen. Frauen brauchen Gespräche, dann gehen sie noch zu ihrer Freundin und in die Bank auch nochmal. Wenn sich die Aussagen nicht decken, lassen sie's ganz ... «

Wenn sie die Notwendigkeit erkennen, beraten zu werden, geben Frauen die Verantwortung und Entscheidungsbefugnisse über ihre Geldgeschäfte gern an eine Vertrauensperson ab. Dazu die Anlageberaterin:

»... Sie wollen zwar engen Kontakt mit dem Broker haben, aber sie wollen das delegieren ... Es gibt einen Typ von Frauen, die ganz abhängig sind

147

von mir, weil sie keine eigene Arbeit investieren wollen, alles von mir gemacht haben wollen, keine eigene Verantwortung übernehmen wollen . . . «

Frauen als Zielgruppe für Banken und Versicherungen

Oft sind Frauen für verantwortungsvolle Beraterinnen und Berater in
Banken oder Versicherungen schwierige Kundinnen:

> » . . . Das ist für mich eigentlich das schwierigste. Weil man kann jeman-
> den, der überhaupt kein eigenes Wissen hat, auch schwer gut beraten . . . «

Die Erfahrung einer Großbank zeigt allerdings, daß es zu einfach
ist, Frauen »kein Interesse an der komplizierten Geldwelt« zu unterstellen. Veranstaltungen, die sich mit frauenspezifischen Problem-
stellungen in Geldanlage und Bankgeschäft auseinandersetzen, stoßen bei vielen Frauen sehr wohl auf reges Interesse und große Dis-
kussionsfreude. Eine leitende Bankangestellte war angenehm über-
rascht über die

> »nicht vorhandene Scheu (der Frauen), Fragen zu stellen, was ja bei Män-
> nern da ist; sie haben Angst, sich zu blamieren.«

Daraus schließt sie, daß Frauen umfassende, aber einfache (= konkrete) Beratung benötigen, um ihren Informationsstand in Sachen
Geldanlage zu verbessern:

> » . . . Ich glaub' schon, daß die Banken was tun könnten, wie sie es auch für
> junge Leute machen, . . . um gerade Frauen, die vielleicht in solchen Dingen
> bisher wenig Ahnung haben, einfach zu helfen und sie zu beraten . . . Mit ge-
> zielter Werbung könnt' ich mir vorstellen, daß die Bank da einiges erreichen
> könnte, also nicht nur selber neue Kunden wirbt damit, sondern auch den
> Frauen damit große Hilfe leistet . . . «

Die Fachleute stimmen darin überein, daß Frauen eine wichtige
Zielgruppe für ihre Institutionen sind beziehungsweise wären (»unbedingt!«). Eine von ihnen, die dabei ist, in Deutschland eine Versicherungsagentur für Frauen aufzubauen, nennt Frauen sogar »die
Zielgruppe der Zukunft«. Indem sie Frauen zu einem besseren Ver-
ständnis bei Versicherungen verhilft, möchte sie dazu beitragen, die
Diskriminierung von Frauen bei Banken und Versicherungen zu beseitigen:

»... Es geht um Gleichstellung und Vorteile für die Frauen. Zum Beispiel zahlen die Frauen um 50 Prozent mehr Risikoversicherung. Die Frauen waren bisher (für Banken und Versicherungen) nur Anhängsel der Zielgruppe Mann ... «

Damit ist sie die einzige unter den Fachleuten, die die Tatsache anspricht, daß Frauen bei Banken und Versicherungen »anders« behandelt werden. Die Praxis zeigt, daß sie nicht nur oft höhere Versicherungsprämien zahlen müssen, sondern auch schwieriger Kredite bekommen als Männer. Das gilt, wie wir gezeigt haben, besonders dann, wenn sie sich selbständig machen und Betriebe gründen wollen.

So tragen auch Banken dazu bei, Frauen in »ihre«, den Männern nach- und untergeordnete Position zu verweisen: Frauen als selbständige Kreditnehmerinnen müssen restriktive Verhandlungen in Kauf nehmen. Wenn allerdings Männer Geld aufnehmen wollen, stellen Frauen als verlängerter Arm der Bank, als »personifiziertes schlechtes Gewissen« ein »wichtiges Bonitätskriterium« dar:

»... Nach dem Motto überlegt man auch: Na gut, sie profitiert auch davon, daher soll auch die Mithaftung erfolgen, nicht zuletzt auch aus moralischen Überlegungen. Ein sehr wichtiger Punkt ist es, daß die Frau einwirkt auf den Mann, wenn er nicht zurückzahlt, das heißt, die moralische Verpflichtung eines Bürgen hat ... «

Zusammenfassend läßt sich sagen: Die Sicht von außen auf Frauen und Geld spiegelt eine Vermischung von Vorurteilen und tatsächlichen Erfahrungen wider. Je allgemeiner unsere Fragen gestellt waren oder je weniger tatsächliche Beobachtungen den Aussagen der Fachleute zugrunde liegen, desto mehr greifen diese auf Stereotypisierungen zurück. Diese entsprechen den traditionellen Geschlechterrollen und dem damit verbundenen ungleichen Geschlechterverhältnis.

Ihre alltägliche Praxis bestätigt die Bedeutung selbstverdienten Geldes für Frauen nicht nur als ökonomische Lebensgrundlage, sondern auch zur Steigerung ihres Selbstwertgefühls und ihres Einflusses auf familiäre (Kauf-)Entscheidungen.

Hauptmotiv für Frauen, sich mit dem »großen Geld« zu beschäftigen, ist die Absicherung existenzieller Risiken. Gleichzeitig wollen sie, nach den Erfahrungen der Fachleute, wenig Zeit und Anstrengung in Geldgeschäfte investieren. Sie haben nicht den Anspruch, die komplexe Welt des »großen Geldes« genau zu kennen und zu durchschauen. Daher ist ihnen persönliche Anlageberatung wichtig, an die sie die entsprechenden Entscheidungen delegieren können.

Zusammenfassung

Geldausgaben

Nach wie vor treffen Frauen Kaufentscheidungen bei Konsumgütern in bestimmten Einkaufsdomänen (Nahrungsmittel, Damen- und Kinderbekleidung, Kosmetika). Bei längerfristigen Investitionen ist folgende geschlechtsspezifische Rollenverteilung erkennbar: Frauen sind für die Wohnlichkeit und Haushaltsführung zuständig, Männer dagegen für Autos und Freizeit. Außerdem geben Frauen viel Geld aus, um Geschenke für andere zu kaufen sowie für ihre persönliche und berufliche Weiterentwicklung. Frauen sparen aber auch eifrig, wobei sie risikoloses Sparen bevorzugen (z. B. Sparbücher), auch wenn ihnen dies niedrigere Zinsen einbringt.

Strategien

Um zu Geld zu kommen, verkaufen Frauen ihre Arbeitskraft auf dem Arbeitsmarkt, und/oder sie heiraten und bekommen von ihrem Partner Geld. Es fällt ihnen schwer, Geld zu fordern, sei es beruflich (Gehaltserhöhung) oder privat (Haushaltsgeld). Das hängt wesentlich damit zusammen, daß Frauen dazu tendieren, ihre eigenen Leistungen abzuwerten; dazu kommt die gesellschaftliche Erwartung an Frauen, daß sie Arbeit aus Liebe leisten. Daher entwickeln sie häufig indirekte oder, wie sie selbst sagen, diplomatische Vorgangsweisen, um zu Geld zu gelangen. Viele Frauen haben den Anspruch, mit dem vorhandenen (Haushalts-) Geld möglichst lange auszukommen, also dem Ideal einer sparsamen Wirtschafterin zu entsprechen.

Sozialisation

Frauen führen ihre Art, mit Geld umzugehen, stark auf die Rolle zurück, die Geld in ihrem Elternhaus spielte: In ihrer Mutter erlebten sie zumeist ein Vorbild an Sparsamkeit und Bescheidenheit. Von ihr lernten sie nicht nur, mit dem vorhandenen »kleinen Geld« gut auszukommen, sondern auch spitzfindige Strategien, dieses zu verlängern; etwa durch Einkaufen von Sonderangeboten, Anreichern der Essensportionen mit billigeren und sättigenderen Zutaten oder durch Umschneidern eines alten Mantels zu einem neuen Kleid. Hatten sie Brüder, so war die Ausrichtung der Buben — ähnlich der der Väter — auf die öffentliche Sphäre, das »große Geld« offensichtlich.

Lebenskonzepte

Die Lebenskonzepte von Frauen sind bestimmt durch das Ringen um Autonomie und den gleichzeitigen Wunsch nach geborgener Abhängigkeit. Geld spielt in dieser Auseinandersetzung eine wichtige Rolle, ist Instrument und Ausdruck von selbständigem oder abhängigem Verhalten. Über Geld zu verfügen und damit bewußt umzugehen stehen deshalb in direktem Zusammenhang mit ihrem Streben nach Emanzipation und Autonomie. Je abhängiger eine Frau in ihren Lebensumständen ist, um so mehr ist zu vermuten, daß sie in Geldangelegenheiten wenig mitbestimmen kann. Eine Frau, die nicht über Geld in ausreichender Menge verfügt, kann sich Selbständigkeit und Selbstbewußtsein nicht »leisten«.

Symbolik

Geld symbolisiert Macht, Potenz, Liebe, Lebensfreude und Sicherheit. Diese Symbolinhalte sind für Frauen mit sehr widersprüchlichen Gefühlen besetzt. Viele Frauen haben Angst vor der männlichen und kalten Welt des Geldes, gleichzeitig aber auch Angst vor sozialer Not, die sie ins gesellschaftliche Abseits drängt, und Angst vor Liebesverlust und damit vor Einsamkeit. Ebenso ist Geld für Frauen ein Mittel, sich Wünsche zu erfüllen; Geld wird deshalb mit der Sehnsucht nach Sicherheit, nach Lebensfreude, nach Anerkennung und Liebe verbunden.

Tabu

Auch heute noch ist das aktive Umgehen mit Geld ein Tabu für Frauen, denn nach herkömmlichen Vorstellungen braucht eine Frau kein Geld, wenn sie schön und attraktiv, lieb, fleißig, geduldig, arm und bescheiden bleibt. Diese »richtigen« Verhaltensweisen werden Mädchen in Märchen wie *Aschenputtel* seit Jahrhunderten nahegebracht. Sich selbst etwas zu gönnen, ohne Schuldgefühle zu empfinden, sich selbstbestimmt in der männlichen Welt des Geldes zu bewegen – das sind Forderungen, mit denen Frauen Schwierigkeiten haben, da die zu erwartende Ablehnung sie verunsichert.

Fachleute

Wenn sie über Frauen und Geld sprechen, sind auch Fachleute von gesellschaftlichen Werturteilen und Geschlechtsrollenklischees beeinflußt. Es bestehen zahlreiche Vorurteile gegenüber Frauen, die die konkreten Erfahrungen überlagern. Letztere stimmen allerdings in bezug auf den privaten Bereich, also das »kleine Geld« weitgehend mit dem Selbstbild der Frauen überein, daß selbstverdientes Geld sie ökonomisch unabhängig von Männern macht, ihr Selbstwertgefühl und ihr gesellschaftliches Ansehen steigert und ihren Einfluß auf Geldentscheidungen in der Familie hebt. In der öffentlichen Sphäre, also im Zusammenhang mit dem »großen Geld« werden Frauen an männlichen Maßstäben gemessen. Die Fachleute bemerken nicht nur die geringere Spekulations- und Risikofreude von Frauen, sondern auch ihre andere Art, bei Fehlspekulationen Fehler zu bewältigen. Zuletzt sei erwähnt, daß Frauen für Banken weniger kreditwürdig erscheinen als Männer.

* * *

Insgesamt läßt sich feststellen, daß Frauen einen anderen Zugang zu Geld haben als Männer und anders damit umgehen. Dies wird in unserer Gesellschaft zu wenig beachtet. Diese Differenziertheit als Bereicherung zu sehen hätte die wünschenswerte Folge, daß weibliches Denken und Handeln in Organisationen mehr Beachtung fänden.

Die Integration dieses weiblichen Potentials könnte dann zu Veränderungen in den Kommunikationsmustern und in der Kooperation beitragen, ein Wunsch, der auch zunehmend von Männern geteilt wird.

Konkret bedeutet das

Für Frauen: Über Geld zu verfügen und bewußt damit umzugehen ist ein wichtiger Schlüssel zu Autonomie und Selbstbestimmung. Frauen dürfen das Thema Geld nicht mehr verdrängen, sondern müssen sich über ihren eigenen Lebensstil und ihre Einstellung zu Geld Gedanken machen und sich aktiv mit dem Thema auseinandersetzen. Dies beginnt in der Partnerschaft beim Mittragen von Geldentscheidungen, beim Verfügen über ein eigenes Konto; es geht weiter bei der Information und dem Aushandeln von Zinsen für einen Dispositionskredit und die aktive Informationsbeschaffung über mögliche Anlagen bis hin zur Überprüfung der eigenen Versicherungen und Rentenansprüche. Voraussetzung hierfür ist und bleibt, daß Frauen Geld für sich zu einem Thema machen.

Maßnahmen: Unterstützung und Beratung sind hier denkbar durch Kurse der Volkshochschulen, Selbsthilfegruppen und Informationseinholung bei der eigenen Bank.

Für Organisationen im Finanzsektor (Banken und Versicherungen).
Intern: Die Auseinandersetzung zwischen männlichem und weiblichem Denken und die Integration weiblichen Denkens können den Trend zu Dezentralisierung, zu flexiblen Organisationseinheiten, zu sozialen Netzwerken unterstützen.

Extern: Frauen nicht als neue Zielgruppe zu »vermarkten«, sondern als Partnerinnen zu entdecken heißt, ihre Bedürfnisse nach mehr Sicherheit zu berücksichtigen und dementsprechende Beratungsangebote zu verstärken. Voraussetzung dafür ist, die Bedürfnisse der Frauen genauer zu kennen, sie ernst zu nehmen und Produktideen zu entwickeln, die diesen Bedürfnissen entsprechen (z.B. Kreditsparen). Zusätzlich dazu werden auch Frauen in Zukunft mehr individuelle Konzepte von Banken erwarten – ein Anspruch, der dem Entwicklungstrend der Banken im Jahr 2000 entspricht: »Die Aufgaben werden immer weniger in reiner Kapitalvermittlung bestehen, sondern vielmehr in der Vermarktung maßgeschneiderter Problemlösungen in allen Geld- und Vermögensangelegenheiten.« (Congema 1986)

Maßnahmen: Eine offene Einstellung und ein neues Verhältnis zu Frauen als Partnerinnen könnten durch Symposien und Podiumsdiskussionen, Seminare und Broschüren erreicht werden.

Für die politische Ebene: In Frauenverbänden auf parteilicher und überparteilicher Ebene ist es wichtig, sowohl für den Einzug »weiblichen« Denkens in unsere Gesellschaft zu werben als auch die Gleichbehandlung von Mann und Frau voranzutreiben (z.B. im Versicherungsbereich).

Maßnahmen: Zur Beschleunigung dieses Prozesses sind Vorträge, Informationsveranstaltungen und die Mitwirkung auf politischer Ebene denkbar.

Literatur

Beck, Ulrich: *Die Risikogesellschaft*, Frankfurt 1986

Becker-Schmidt, Regina/ Knapp, Gudrun A.: *Geschlechtertrennung — Geschlechterdifferenz*, Bonn 1987

Beck-Gernsheim, Elisabeth: *Der geschlechtsspezifische Arbeitsmarkt. Zur Ideologie und Realität von Frauenberufen*, Frankfurt/Main ²1981

Beck-Gernsheim, Elisabeth: *Das halbierte Leben: Männerwelt Beruf — Frauenwelt Familie*, Frankfurt 1980

Berna-Simons, Lilian: *Weibliche Identität und Sexualität*, Frankfurt 1984

Bischoff, Sonja: Capital-Studie, Köln 1986

Bock, Ulla: Einführung in die Diskussion der Methoden bzw. Methodologie in der Frauenforschung. In: *Methoden in der Frauenforschung*, hrsg. v. d. Zentraleinrichtung zur Förderung von Frauenstudien und Frauenforschung an der Freien Universität Berlin, Frankfurt/Main 1984

Bornemann, Ernest: *Psychoanalyse des Geldes*, Frankfurt/Main 1973

Braun, Christina v.: *Nicht Ich. Logik, Lüge, Libido*, Frankfurt/Main 1988

Broverman, I.K. u.a.: Sexrole stereotypes and clinical judgements of mental health. In: *Journal of Consulting and Clinical Psychology*, 34, 1-7, 1972

Claessens, Dieter: *Das Konkrete und das Abstrakte. Soziologische Skizzen zur Anthropologie*, Frankfurt/Main 1980

Coleman, James S.: *Die asymmetrische Gesellschaft*, Weinheim/Basel 1986

Congena, *Bank-Entwicklung, Strategien für die Bank der Zukunft*, Wiesbaden 1986

Däubler-Gmelin, Herta/ Pfarr, Heide/ Weg, Marianne (Hg.): *Mehr als nur gleicher Lohn! Handbuch zur beruflichen Förderung von Frauen*, Hamburg 1985

Dahlhoff, Hans-Dieter: *Kaufentscheidungsprozesse von Familien. Empirische Untersuchung zur Beteiligung von Mann und Frau an der Kaufentscheidung*, Frankfurt/Main 1980

Der Papalagi: Die Reden des Südsee-Häuptlings Tuiavii aus Tiavea, Zürich 1981

Döbert, Rainer: Männliche Moral — weibliche Moral? In: Gerhardt, Ute/ Schütze, Yvonne (Hg.): *Frauensituation. Veränderungen in den letzten zwanzig Jahren,* Frankfurt/Main 1988

Dowling, Colette: *Der Cinderella-Komplex. Die heimliche Angst der Frauen vor der Unabhängigkeit,* Frankfurt/Main 1984

Fester, Richard/ König, Marie E./ Jonas, David/ Jonas, Doris: *Weib und Macht. Fünf Millionen Jahre Urgeschichte der Frau,* Frankfurt/Main 1980

French, Marilyn: *Jenseits der Macht. Männer, Frauen und Moral,* Reinbek b. Hamburg 1985

Friday, Nancy: *Wie meine Mutter,* Frankfurt/Main 1982

Fromm, Erich: *Haben oder Sein,* München 1979

Froschauer, Ulrike: Konsumationsmacht und Konsumrausch — Frauen, Geld und Konsum. In: Marlene Kück (Hg.): *Der unwiderstehliche Charme des Geldes. Vom Umgang mit Geld aus der Sicht der Frauen,* Reinbek 1988

Garody, Roger: *Der letzte Ausweg. Feminisierung der Gesellschaft,* Olten 1982

Gilligan, Carol: *Die andere Stimme. Lebenskonflikte und Moral der Frau,* München 1986

Greenglass, Esther R.: *Geschlechterrolle als Schicksal. Soziale und psychologische Aspekte weiblichen und männlichen Rollenverhaltens,* Stuttgart 1986

Grimms Märchen, Frankfurt/Main 1974

Gronemeyer, Marianne: *Die Macht der Bedürfnisse. Reflexion über ein Phantom* (Kulturen und Ideen), Reinbek b. Hamburg 1988

Großmann, Karin, in: *Info für die Frau,* 1/88, Hg.: Dt. Hausfrauenbund e.V.

Haller, Matthias: *Sicherheit oder Versicherung?* Bern 1975

Haug, Frigga: Die Moral ist zweigeschlechtlich wie der Mensch, in: *Das Argument* 141, Berlin 1983

Hans, Marie-Françoise: *Les femmes et l'argent,* Paris 1988

Heinemann, Klaus/Röhrig, Peter/Stadie, Ralf: *Arbeitslose Frauen, zwischen Erwerbstätigkeit und Hausfrauenrolle.* Weinheim u. Basel 1983

Heinemann, Klaus: Soziologie des Geldes. In: ders. (Hg.): *Kölner Zeitschrift für Soziologie und Sozialpsychologie,* Sonderheft 28, S. 322-338

Inglehart, Ronald: *Kultureller Umbruch. Wertewandel in der westlichen Welt.* Frankfurt/New York 1989

Jahoda, Marie/ Lazarsfeld, Paul F./ Zeisel, Hans: *Die Arbeitslosen von Marienthal. Ein soziobiographischer Versuch,* Frankfurt/Main ²1978

Janssen-Jureit, Marie Luise: *Seximus,* Frankfurt/Main 1979

Jung, Carl Gustav: *Der Mensch und seine Symbole,* Olten 1981

Kast, Verena: *Mann und Frau im Märchen,* Olten 1983

Keller, Heidi: *Männlichkeit, Weiblichkeit,* Darmstadt 1978

Kurnitzky, Horst: *Triebstruktur des Geldes. Ein Beitrag zur Theorie der Weiblichkeit,* Berlin 1974
Kutsch, Thomas/ Wiswede Günter: *Wirtschaftssoziologie,* Stuttgart 1986

Lueger, Manfred/ Froschauer, Ulrike/ Tölle, Michael: *Das qualitative Interview als Instrument zur Erstellung von Organisationsdiagnosen* (Projektbericht), Wien 1985
Lueger, Manfred/ Schmitz, Christof: *Das offene Interview. Theorie — Erhebung — Rekonstruktion latenter Strukturen,* Wien 1984

Meulenbelt, Anja: *Scheidelinien. Über Sexismus, Rassismus und Klassismus,* Reinbek b. Hamburg 1988
Michelet, Jules: *Die Hexe,* München 1977
Millett, Kate: *Sexus und Herrschaft,* München 1974

Nölleke, Brigitte: *In alle Richtungen zugleich,* München 1985

Ostner, Ilona: *Beruf und Hausarbeit. Die Arbeit der Frau in unserer Gesellschaft,* Frankfurt/Main 1982

Riemann, Fritz: *Grundformen der Angst,* München/Basel 1973
Röhr, Dorothea: *Prostitution,* Frankfurt/Main 1972
Ruhfus, Ralf Erwin: *Kaufentscheidungen von Familien. Ansätze zur Analyse des kollektiven Entscheidungsverhaltens im privaten Haushalt,* Wiesbaden 1976

Schenkel, Susan: *Mut zum Erfolg. Warum Frauen blockiert sind und was sie dagegen tun können,* Frankfurt/Main 1986
Schmölders, Günther: *Psychologie des Geldes,* Reinbek 1966
Schulze, Hans-Joachim: Frau, Haushalt und Konsummarkt: Befund und Perspektiven. In: Neidhart, F./ Lepsius, M.R. (Hg.): *Kölner Zeitschrift für Soziologie und Sozialpsychologie* Heft 1, S. 85-109, Köln 1986
Schwarzer, Alice, in: *Emma* 11/77
Simmel, Georg: *Philosophie des Geldes,* Frankfurt/Main 1989
Strozka, Hans: *Macht,* Wien/Hamburg 1985

Talos, Emmerich/ Wiederschwinger, Margit (Hg.): *Arbeitslosigkeit. Österreichische Vollbeschäftigung am Ende?* Wien 1987
Theweleit, Klaus: *Männerphantasien,* Frankfurt/Main 1978
Thürmer-Rohr, Christina: *Vagabundinnen,* Berlin 1987

Veith, Monika: *Frauenkarriere im Management. Einstiegsbarrieren und Diskriminierungsmechanismen,* Frankfurt 1988
von Werlhof, Claudia: *Wenn die Bauern wiederkommen. Frauen, Arbeit und Argobusiness in Venezuela,* Habil. Bremen 1985
Wisselinck, Erika: *Hexen,* München 1986

Aus unserem Programm:

Mary Field Belenky, Blythe McVicker Clinchy,
Nancy Rule Goldberger, Jill Mattuck Tarule

Das andere Denken

Persönlichkeit, Moral und Intellekt der Frau
Aus dem Englischen von Nele Löw Beer
1989. 276 Seiten

»Ein wunderbares Buch, das erfolgreich die Entfremdung und das Mißtrauen entmystifiziert, die so viele Frauen in bezug auf die Welt der Worte, der abstrakten Ideen und der Logik empfinden — ein Mißtrauen, das letztlich in der Realität wurzelt, in der Worte, Logik und abstraktes Denken in der Tat wirklich sehr häufig gegen sie gewendet werden.«
Evelyn Fox Keller

»Dieses wichtige Buch . . . ermutigt dazu, neu darüber nachzudenken, was Denken konstituiert, und daher über die Ziele der Bildung für Frauen und Männer nachzudenken.« *Carol Gilligan*
Autorin von *Die andere Stimme*

Susan Schenkel

Mut zum Erfolg

Warum Frauen blockiert sind und was sie dagegen tun können
Aus dem Englischen von Julia Nowotny-Iskander
Mit einem Vorwort von Martina I. Kischke
5. Auflage 1989, 191 Seiten

Kathryn Stechert

Frauen setzen sich durch

Leitfaden für den Berufsalltag mit Männern
Aus dem Englischen von Angela Elsner
1988. 263 Seiten

Campus Verlag · Frankfurt am Main